Beck-Wirtschaftsberater

Mind Maps und Concept Maps

dtv

Beck-Wirtschaftsberater

Mind Maps und Concept Maps

Visualisieren – Organisieren – Kommunizieren

Von Dr. Matthias Nückles, Johannes Gurlitt,
Tobias Pabst und Prof. Dr. Alexander Renkl

Deutscher Taschenbuch Verlag

Im Internet:

dtv.de

beck.de

Originalausgabe
Deutscher Taschenbuch Verlag GmbH & Co. KG,
Friedrichstraße 1a, 80801 München

Druck und Bindung: Druckerei C. H. Beck, Nördlingen
(Adresse der Druckerei: Wilhelmstraße 9, 80801 München)
Satz und Überarbeitung der grafischen Abbildungen:
Hoffmann's Text Office, München
Cartoons: Baaske Cartoons, Müllheim
Umschlaggestaltung: Agentur 42 (Fuhr & Partner), Mainz
ISBN 3 423 50877 9 (dtv)
ISBN 3 406 52096 0 (C. H. Beck)

Vorwort

Vielleicht haben Sie auch diese Erfahrung gemacht: Als Sie mit der Ausbildung oder dem Studium begannen, waren Sie beeindruckt und auch etwas verunsichert von den Bergen an Fachliteratur, der Vielzahl komplexer und abstrakter Informationen, die Sie in vergleichsweise kurzer Zeit begreifen und behalten sollten. Damals hofften Sie auf die Zeit danach ... Aber dann kam es im Beruf noch schlimmer: Die Menge und Komplexität der auf Sie einströmenden Informationen nahm fast exponentiell zu und die Zeit zur gedanklichen Auseinandersetzung wurde gleichzeitig knapper: Nun jagt ein Meeting das andere, Entscheidungen müssen unter Zeitdruck getroffen, komplexe Probleme gelöst werden, und bei der Vielzahl unterschiedlicher Projekte kann der Überblick nur allzu leicht verloren gehen.

Der Schlüssel zur Lösung dieser Probleme liegt im effektiven Umgang mit Wissen – sprich: einem effektiven Wissensmanagement. Um im Studier- oder Berufsalltag bestehen zu können, brauchen Sie Techniken, die es Ihnen ermöglichen, komplexe und abstrakte Wissensbestände effektiv zu visualisieren, zu organisieren und zu kommunizieren. Wenn richtig angewendet, leisten Mind Maps und Concept Maps genau dies: Sie unterstützen die Visualisierung, Organisation und Kommunikation von Wissen. Es handelt sich um eine Gruppe von Lern- und Arbeitstechniken, mit denen Sie beispielsweise Ideen sammeln, Vorträge gestalten, Teambesprechungen moderieren oder Projekte planen können. Dazu werden alle wichtigen Aspekte des Themas in Wörtern, Bildern, Zahlen, Logik oder Farbe in einem gedanklichen Plan („Mind Map") grafisch dargestellt.

Es ist viel über Mind Maps und Concept Maps geschrieben worden. Nur allzu oft gewinnt man den Eindruck, es mit einem „Wundermittel" zu tun zu haben, das es ermöglicht, die eigene „Gehirnleistung" um ein Vielfaches zu steigern. Solche Verheißungen möchten wir hier nicht machen. Vielmehr lagen uns beim Verfassen dieses Buches vier Dinge besonders am Herzen:

Erstens halten wir Mind Maps und Concept Maps weder für ein Wundermittel noch für eine Allzweckwaffe. Allerdings können sie in vielen unterschiedlichen Lern- und Arbeitssituationen sinnvoll eingesetzt werden und wertvolle Dienste leisten. Die Fülle der Anwendungsmöglichkeiten wollen wir Ihnen in Form von praxisnahen Ablaufsskripts („Kochrezepten") aufzeigen.

Zweitens ist es uns wichtig, nicht nur darzulegen, wie man Wissensmanagement mit Mind Maps und Concept Maps professionell betreibt. Wir möchten Ihnen auch reinen Wein einschenken. Daher machen wir Sie an vielen Stellen des Buches auf typische Probleme beim Einsatz von Mapping-Techniken aufmerksam. Wir schlagen Ihnen aber zugleich effektive Gegenmaßnahmen vor, so dass Sie eventuellen Problemen gelassen entgegen sehen können.

Drittens basieren unsere Argumente und praktischen Vorschläge auf dem aktuellen Stand der pädagogisch-psychologischen Forschung. Erwachsenenbildungs- und Ratgeberliteratur beinhalten leider sehr oft Aussagen, die eindeutig im Widerspruch zu gesicherten Befunden der Lehr-Lern-Forschung stehen. Unser Buch basiert auf dem Wissen über die umfangreiche empirische Forschung zu Lernstrategien und Visualisierungstechniken.

Viertens war es unser Ziel, Ihnen ein kurzes und „knackiges", aber dennoch hilfreiches Buch zu bieten. Wer hat schon Zeit zum Lesen „dicker Schinken"! Unser Buch verstehen wir daher in erster Linie als eine Art „Kochbuch zum Wissensmanagement": Probieren Sie am besten selbst, wie Ihnen die verschiedenen Rezepte zur Gestaltung und Bereicherung Ihres Lern- und Arbeitsalltags „munden"!

Unser Dank gilt *Rodolfo Casabonne, Sabine Fischer, Maria Gurlitt-Sartori, Sabine Hauser, Ulli Lipp, Johann Pavelka, Silvia Urladic, Hermann Will* und *Hermann Schenk* vom Verlag C. H. Beck.

Freiburg, im Juni 2004

Matthias Nückles,
Johannes Gurlitt,
Tobias Pabst,
Alexander Renkl

Inhaltsverzeichnis

1. Einführung in das Wissensmanagement mit Mind Maps und Concept Maps

In diesem einführenden Kapitel erfahren Sie:

- Weshalb Wissensmanagement mit Mind Maps und Concept Maps wichtig ist.
- Was Sie mit Mapping-Techniken alles erledigen können.
- Weshalb Mind Maps und Concept Maps zwei unterschiedliche, einander ergänzende Modi des Denkens unterstützen.
- Weshalb Mapping-Techniken sehr effektiv sind.

1.1 Weshalb Wissensmanagement mit Mind Maps und Concept Maps wichtig ist

Die Wissensgesellschaft macht Veränderungen unseres beruflichen Handelns und unseres Lernverhaltens erforderlich. Professionelle, Trainer, Lehrende und Lernende stehen vor neuen Herausforderungen. Lernen bedeutet heutzutage lebenslanges Lernen: die Bereitschaft, sich wechselnden Aufgaben zu stellen, die eigene Perspektive zu hinterfragen und immer komplexer werdende Sachverhalte zu begreifen. Der Erfolg von Arbeits- und Lernprozessen hängt mehr denn je davon ab, dass es gelingt, umfangreiche Wissensbestände zu strukturieren, anzuwenden und zu kommunizieren.

Im 21. Jahrhundert ist Wissen zu einem zentralen Kapitalfaktor geworden. Den neuen Anforderungen sind die Einzelnen aber nur dann gewachsen, wenn sie ihren persönlichen Umgang mit Wissen aktiv und eigenverantwortlich gestalten. Hier sind intelligente Lern- und Arbeitstechniken für den individuellen Umgang mit Wissen ebenso gefragt wie effektive Formen der Zusammenarbeit und Kommunikation.

Unter dem Sammelbegriff „Mapping-Techniken" ist in der wissenschaftlichen Psychologie und Pädagogik eine Gruppe von Lern- und Arbeitstechniken entstanden, die sowohl das individuelle als auch kooperative Wissensmanagement auf so einfache wie effektive Weise unterstützen.

1.2 Was Sie mit Mapping-Techniken alles erledigen können

Mit Hilfe von Mapping-Techniken können Sie beispielsweise

- Ideen sammeln – jeder einzeln oder gemeinsam in der Gruppe (Brainstorming)
- Vorträge mitschreiben
- Texte zusammenfassen
- Vorträge planen und gestalten
- Einen Überblick über Ihr Seminar geben
- Seminareinstiege gestalten
- In Gruppen lernen und Probleme lösen
- Vorwissen aktivieren
- Wissen überprüfen
- Texte schreiben und analysieren
- Projekte planen
- Teambesprechungen moderieren
- Beratungsgespräche führen

Was verbirgt sich hinter dem Begriff „Mapping-Techniken"? Auf den Punkt gebracht, dienen Mapping-Techniken dazu, abstrakte und komplexe Zusammenhänge graphisch darzustellen. Visualisierung ist also das Grundprinzip. Dessen Umsetzung ist denkbar einfach: Begriffe oder Schlüsselwörter werden als Knoten in einem Netz aufgefasst, die Beziehungen zwischen den Begriffen als Verbindungen zwischen den Knoten. Manchmal werden die Verbindungslinien noch mit der Art des Zusammenhangs benannt, der zwischen den Begriffen besteht (vgl. Abb. 1).

Für die Erstellung einer Map benötigen Sie lediglich Papier und Bleistift oder einen Satz Moderationskärtchen, Filzstifte und eine mit Packpapier bespannte Metaplanwand. In den letzten Jahren wurde außerdem eine ganze Reihe von Softwareprodukten entwickelt, die das Erstellen von Maps am Computer ermöglichen. Die Vorteile solcher Programme liegen auf der Hand: Sie ma-

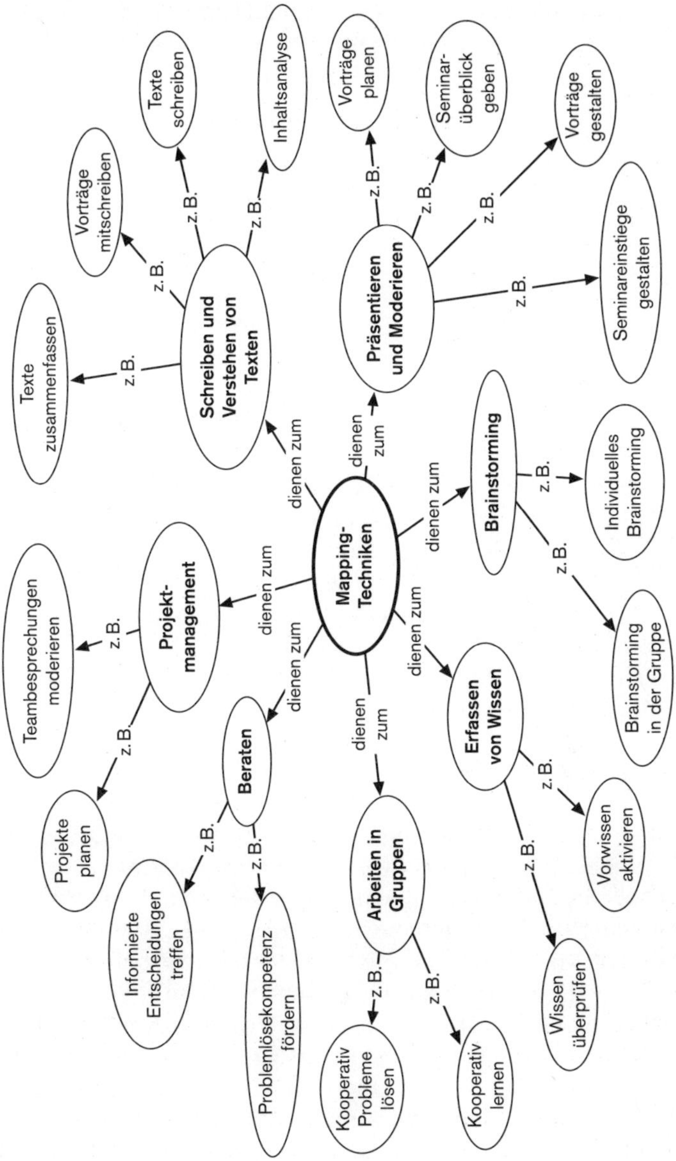

Abb. 1: Verschiedene Einsatzmöglichkeiten von Mapping-Techniken

chen das Mapping flexibler, denn einmal erstellte Maps können leichter verändert werden als mit der Papier-und-Bleistift-Variante. Weiterhin ergeben sich verbesserte Möglichkeiten der Archivierung und der Weitergabe von Maps. Beispielsweise können Sie Ihre digitale Map mit wenigen Mausklicks im Internet veröffentlichen. Die wichtigsten im Handel erhältlichen Mapping-Programme werden in Kapitel 5 vorgestellt.

1.3 Weshalb Mind Maps und Concept Maps zwei unterschiedliche, einander ergänzende Modi des Denkens unterstützen

Die bekanntesten Mapping-Techniken sind die so genannten Mind Maps und die Concept Maps. Es gibt daneben eine Vielzahl weiterer Varianten, die jedoch weit weniger Verbreitung gefunden haben und letztlich entweder den Mind Maps oder Concept Maps sehr ähnlich sind. Daher sollen nur diese beiden Haupttypen vorgestellt werden. Der Hauptunterschied zwischen Mind Maps und Concept Maps ist schon auf der Oberfläche erkennbar.

Bei einer Mind Map strahlen ausgehend von einem zentralen Schlüsselbegriff, dem Zentrum, meist mehrere dicke Äste aus, die sich nach außen hin zunehmend in dünnere Äste verzweigen. Die Schlüsselbegriffe werden gewöhnlich direkt an den Ast angeschrieben, die Beziehungen zwischen verschiedenen Schlüsselbegriffen bleiben unbestimmt. Eine Mind Map ist am besten mit einem wuchernden Wurzelwerk, einem so genannten Rhizom, vergleichbar, das sich ausgehend von einem zentralen Stamm in alle möglichen Richtungen ausdifferenziert (vgl. Abb. 2).

Concept Maps sind demgegenüber geordnetere Gebilde. Sie sind in der Regel hierarchisch aufgebaut und die Beziehungen zwischen den verschiedenen Schlüsselbegriffen werden explizit benannt. Oftmals gibt es nicht nur Verbindungslinien von oben nach unten, also zwischen Ober- und Unterbegriffen, sondern es können auch Querverbindungen eingezeichnet werden. Die Concept Map zum Thema Wasser in Abb. 3 enthält beispiels-

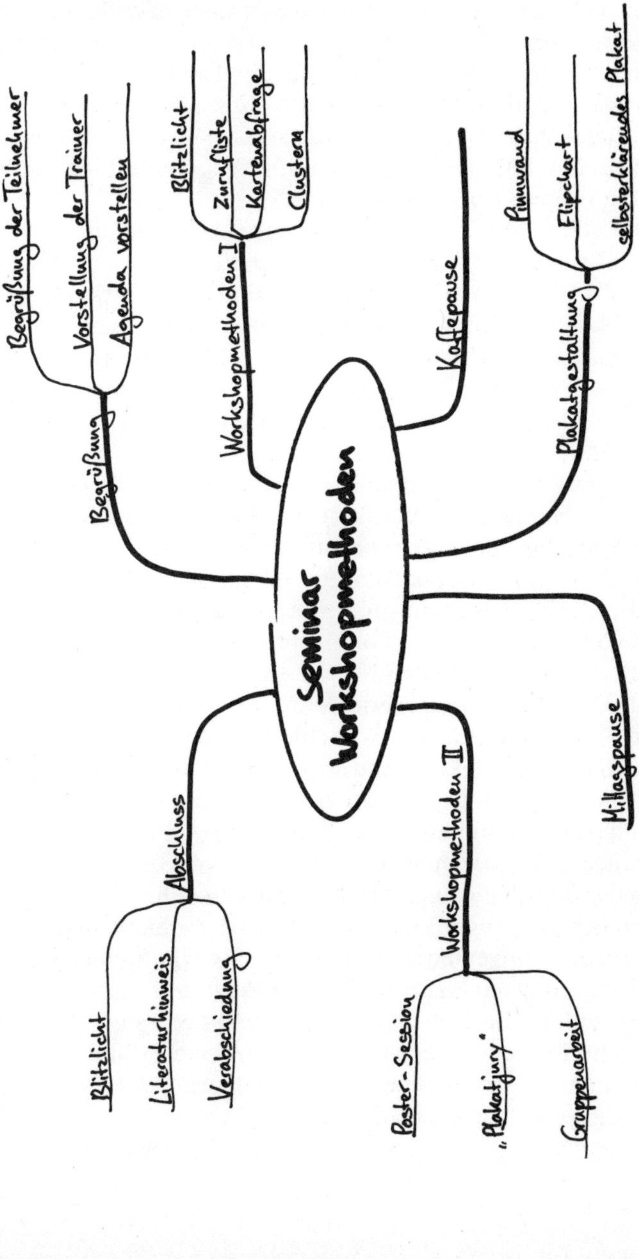

Abb. 2: Mind Map zu den verschiedenen Aspekten einer Schulungsmaßnahme zum Thema Workshopmethoden

weise eine Querverbindung zwischen dem Begriff „Bewegung“ und dem Begriff „Zustände“, die besagt, dass die Bewegung der Moleküle die chemischen Zustände, in denen sich Wasser befinden kann, bestimmt. Concept Maps erinnern weniger an ein wucherndes Wurzelwerk als beispielsweise an einen Stammbaum oder an das verzweigte, aber dennoch geordnete Liniennetz der U-Bahn einer Großstadt.

Die genannten Oberflächenunterschiede sind nicht zufällig. Sie haben ihren Ursprung in unterschiedlichen wissenschaftlichen Auffassungen über den Aufbau und die Funktionsweise des menschlichen Gedächtnisses. Den Mind Maps liegt die Auffassung zu Grunde, dass das menschliche Gedächtnis ein assoziatives Netzwerk ist, in dem Begriffe nach thematischer Nähe, zum Beispiel nach Situationen, in denen sie gemeinsam vorkommen, angeordnet sind.

Betrachten wir auf einem Blatt Papier das Schlüsselwort Sommer, so kommen uns spontan thematisch verwandte Begriffe in den Sinn, beispielsweise Sonne, Schwimmbad, Park, Urlaub, Strand, Volleyball, Wind, Segeln etc. Wir lassen unseren Gedanken freien Lauf und produzieren mit Leichtigkeit eine Vielzahl von Einfällen. Ungewöhnliche, kreative Einfälle erhält man dann, wenn man auf diese Weise seinen Gedanken freien Lauf lässt. Die Technik des Mind Mapping will genau diese Eigenschaft des menschlichen Gedächtnisses unterstützen, indem sie die spontane Produktion und Verkettung von Ideen fördert. Mind Mapping dient dazu, das assoziative und kreative Potenzial des Denkens zu stimulieren.

Concept Maps gehen demgegenüber von der Annahme aus, dass das menschliche Gedächtnis aus einem hierarchisch geordneten Netzwerk von Begriffen besteht. Die inhaltlichen und logischen Beziehungen zwischen den Begriffen bestimmen dabei den Aufbau und die Struktur des Netzwerks und die genaue Position des einzelnen Begriffs. Typische Beziehungen sind „ist Oberbegriff von“, „ist eine Eigenschaft von“, „ist ein Beispiel für“, „wird verwendet zu“, etc. Versuchen wir uns die genaue Bedeutung eines Begriffs zu vergegenwärtigen, so hangeln wir uns nach dieser Auffassung des Gedächtnisses vor allem entlang der logisch-se-

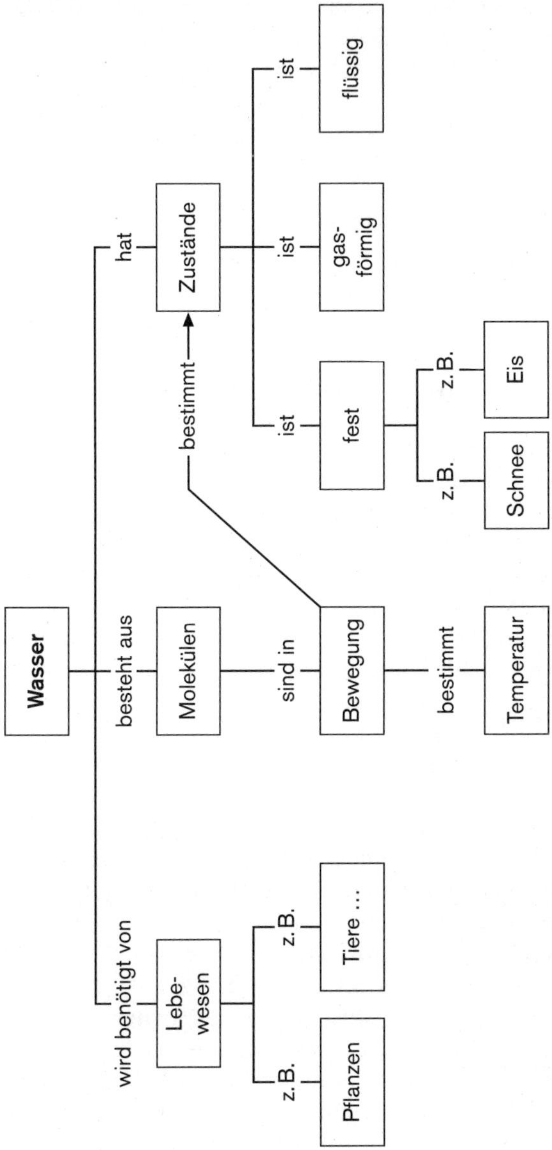

Abb. 3: Concept Map zu chemischen und biologischen Eigenschaften von Wasser

mantischen Beziehungen zu anderen Begriffen. Nehmen wir zum Beispiel den Schlüsselbegriff „Pferd“: Das Pferd gehört zu den Säugetieren, es handelt sich um ein Huftier, es gibt unterschiedliche Pferderassen, zum Beispiel Araber, Mustangs, und Ponys. Pferde gelten als intelligent und wurden früher zum Transport von Personen und Lasten eingesetzt.

Wenn wir auf diese Weise vorgehen, um uns den Bedeutungsraum von Pferd vor Augen zu führen, lassen wir uns weniger von unseren spontanen Assoziationen leiten, sondern wir analysieren vielmehr die logischen und inhaltlichen Beziehungen, die zwischen den Begriffen bestehen. Concept Maps wollen genau diesen analytischen Prozess unterstützen. Im Unterschied zu Mind Maps dient diese Technik vor allem dazu, das analytische Potenzial des Denkens zu stimulieren. Concept Maps unterstützen die analysierende und reflektierende Auseinandersetzung mit einem Gegenstandsbereich.

Wir können somit festhalten, dass die mit den Mind Maps und Concept Maps jeweils verbundenen Annahmen über das menschliche Gedächtnis weniger konkurrierende wissenschaftliche Auffassungen darstellen, als vielmehr zwei unterschiedliche, aber einander durchaus ergänzende Modi und Potenziale des menschlichen Denkens bezeichnen. Je nach konkreter Aufgabenstellung wird man manchmal eher assoziativ vorgehen oder eher analysieren. Dies wird auch in den einzelnen Kapiteln dieses Buches deutlich werden. Je nachdem, welcher Denkmodus im Vordergrund steht, werden wir eher von Mind Maps oder eher von Concept Maps sprechen. Natürlich werden in vielen Situationen beide Denkmodi benötigt, oft muss man sowohl kreativassoziativ sein als auch analytisch-reflektiert handeln, um zum Ziel zu gelangen.

Die Begriffe „Mind Map“ und „Concept Map“ sind dabei selbst wiederum Oberbegriffe für eine Vielzahl von Map-Varianten. So betrachten wir den so genannten **Netzplan** im Kapitel 4.7.1 „Projektmanagement“ als eine Variante der Concept Maps und die **TOP-Map**, dargestellt im Kapitel 4.7.2 „Teambesprechungen moderieren“, ist im Grunde eine spezifische Anwendung von Mind Maps.

1.4 Weshalb Mapping-Techniken sehr effektiv sind: Ein halbes Dutzend Argumente

Im Folgenden geben wir Ihnen sechs gute Gründe an die Hand, warum es sich lohnt, Mapping-Techniken zum Wissensmanagement einzusetzen. Die Argumente basieren auf Erkenntnissen der wissenschaftlichen Psychologie und pädagogischen Forschung.

1.4.1 Die Reduktionsfunktion

Eine große Stärke von Maps besteht darin, dass sie helfen, komplexe Inhalte oder Sachverhalte auf das Wesentliche zu reduzieren. Worauf kommt es an? Was sind die Kernpunkte bei diesem Problem? Was sind die Schlüsselbegriffe bei dieser Thematik? Welche Hauptthesen stecken in diesem Text? Indem Sie sich Fragen dieser Art stellen und mit Hilfe einer Map versuchen, das Wesentliche vom weniger Wesentlichen zu trennen, reduzieren Sie Komplexität und gewinnen auf diese Weise einen ersten Überblick über die Thematik, mit der Sie sich auseinandersetzen.

1.4.2 Die Strukturierungsfunktion

In welcher Beziehung stehen die Dinge zueinander? Was gehört inhaltlich zusammen und was bezieht sich auf verschiedene Dinge? Wie ordne ich Gegenstände und Begriffe ein? Eine weitere große Stärke von Maps liegt in der Funktion, Ordnung herzustellen, die Bildung von Strukturen zu unterstützen, die es ermöglichen, die Komplexität eines Sachverhalts zu durchschauen und als sinnhaft zu erleben. Indem Sie eine Map zeichnen, organisieren Sie Ihr Wissen über einen Sachverhalt. Sie schreiben die wichtigsten Schlüsselbegriffe auf (vgl. Abschnitt 1.4.1 „Die Reduktionsfunktion") und versuchen, ihre Bezüge untereinander zu verstehen und zu benennen. Diese Strukturierungsfunktion von Maps ist in vielen verschiedenen Situationen essenziell: Zum Beispiel, wenn Sie versuchen, einen komplizierten Text zu verstehen, wenn es darum geht, eine komplexe Problemlage zu sondieren, oder wenn eine kontroverse Thematik diskutiert werden soll. Maps erleichtern das Klassifizieren von Gegenständen und Einordnen von Ereignissen, sie helfen Querbezüge zwischen Begriffen zu erkennen. Je besser Ihnen die Wissensorganisation gelingt, desto flexibler werden Sie darin sein, Ihr Wissen anzuwenden und desto dauerhafter wird es im Gedächtnis abgespeichert. Man muss Ordnung halten, damit man sich die Dinge merken kann. Sie müssen in die richtige „Schublade" einsortiert werden, wenn man sie später wieder finden will.

1.4.3 Die Visualisierungsfunktion

Das Organisieren und Strukturieren abstrakter Inhalte wird enorm erleichtert, wenn man es nicht allein im Kopf erledigen muss, sondern die Begriffe und ihre Beziehungen durch das Zeichnen einer Map visuell erfassbar macht. Das Aufzeichnen und Anordnen der abstrakten Begriffe auf einem Blatt Papier erleichtert das Strukturieren ungemein, denn die abstrakten inhaltlichen Beziehungen zwischen den Begriffen werden auf diese Weise wahrnehmbar. Nicht Sichtbares wird sichtbar, sprich: visualisiert.

Die Möglichkeit zur Visualisierung entlastet unser Vorstellungsvermögen, psychologisch ausgedrückt: unser Arbeitsgedächtnis. Bei der Visualisierung abstrakter inhaltlicher Zusammenhänge durch eine Map bedienen wir uns der Metaphorik des Raumes. Dinge, die zusammen gehören, werden in räumlicher Nähe zueinander angeordnet, Begriffe, die Unterschiedliches bezeichnen, werden in räumlicher Distanz aufgeschrieben. Oberbegriffe stehen „oben", d. h. über den Unterbegriffen und den Beispielen, die sie klassifizieren. Wir projizieren also unsere Vorstellungen über die inhaltlichen Beziehungen, in denen die Begriffe zueinander stehen, auf die Eigenschaften des Raumes: Oben versus unten, links versus rechts, Nähe versus Distanz. Es ist kein Zufall, dass Mapping-Techniken sich der Metaphorik des Raumes bedienen. Wir brauchen Metaphern, um abstrakte Zusammenhänge zu verstehen und über sie zu sprechen. Maps sind in diesem Sinne „logische Bilder", die dazu dienen, abstrakte Zusammenhänge sichtbar zu machen, damit wir sie besser verstehen, uns merken und leichter darüber reden können.

1.4.4 Die Kommunikationsfunktion

In vielen Situationen des Alltags geht es darum, Wissen zu erwerben und Wissen zu kommunizieren. In der Teambesprechung müssen wichtige Informationen über die aktuelle Situation des Projekts oder des Unternehmens zusammengetragen und diskutiert werden. Oft müssen bestimmte Probleme gelöst werden. Dazu muss das Problem analysiert und Lösungsmöglichkeiten erarbeitet werden.

Maps sind logische Bilder, in denen solche Informationen in strukturierter Form für alle sichtbar und damit zugänglich gemacht werden können. Menschen haben oft ganz unterschiedliche Perspektiven auf einen Sachverhalt. Sie bringen unterschiedliche Erfahrungen mit und verfügen über Spezialwissen, was es schwer macht, sich auf ein gemeinsames Verständnis des Sachverhalts zu einigen. Mapping-Techniken erleichtern die Herstellung eines **gemeinsamen Verständnisses**. Man zeigt auf einen Begriff, erläutert, in welcher Beziehung er zu den anderen Begriffen steht, warum man ihn in räumlicher Nähe zu diesem oder jenen Begriff aufgeschrieben hat. Auf diese Weise ist man gezwungen, das eigene Vorverständnis, die eigene Perspektive zu erklären und zu rechtfertigen.

Die Map dient dabei als gemeinsamer externer Fokus, auf den sich alle beziehen. Maps sind meist nicht selbsterklärend und bedürfen der Interpretation und Erläuterung. Auf diese Weise werden einander widersprechende Auffassungen sichtbar, unterschiedliche Interpretationen können zum Gegenstand der Diskussion gemacht und Lösungen gefunden werden. Dadurch profitiert die Gruppe, da ein gemeinsames Verständnis, ein so genannter Common Ground, geschaffen wird. Gleichzeitig profitiert aber auch jeder Einzelne, denn er ist gezwungen, sein eigenes Verständnis der Map zu artikulieren und zur Diskussion zu stellen. So können potenzielle Missverständnisse und Verständnislücken leicht erkannt und behoben werden.

1.4.5 Die Elaborationsfunktion

Die Kommunikationsfunktion führt uns unmittelbar zur so genannten Elaborationsfunktion: Wenn man sich selbst oder einer anderen Person erläutert, warum man gerade eine Verbindung zwischen zwei neu erlernten Begriffen eingezeichnet hat, elaboriert man das Gelernte. Man kann die Bedeutung der Verbindungslinie oder der Begriffe selbst auf verschiedene Weise in eigenen Worten erklären: Indem man ein Beispiel gibt, persönliche Erfahrungen heranzieht, Pro- und Kontraargumente sammelt oder auf Analogien verweist. Durch solche Elaborationen werden die Begriffe und ihr Zusammenhang in das schon vorhandene Wissen integriert: Das Neue ergibt Sinn, weil man es in Bezug zu dem Wissen setzt, das man bereits hat. Durch ihre Anschaulichkeit und räumliche Struktur fördern Concept Maps Elaborationen in besonderer Weise. Sie bieten eine Folie, um Neues auf bereits Bekanntes zu projizieren. Je mehr und je besser man elaboriert, desto tiefer wird das erzielte Verständnis sein und umso dauerhafter wird das neue erworbene Wissen im Gedächtnis verankert.

1.4.6 Die Anregungsfunktion

Schließlich und endlich fördert Mapping das kreative Denken. Indem man eine Map entwirft – gemeinsam oder alleine –, entstehen neue Ideen. Man sieht, welche Begriffe es schon gibt, man erhält Anstöße, weitere Begriffe zu assoziieren. Die Art der nonlinearen Darstellung regt an, in viele verschiedene Richtungen zu denken, das heißt divergent zu denken, indem man die Gedanken frei flottieren lässt. Macht man dies im Gruppen-Setting, wird dadurch der Effekt, in verschiedene Richtungen zu denken, noch verstärkt.

Sie haben nun sechs Gründe kennen gelernt, weshalb Mapping-Techniken effektives Wissensmanagement ermöglichen. Die folgenden Kapitel unterstützen Sie bei der Umsetzung dieser Möglichkeiten in die Praxis.

2. Mind Maps und Concept Maps

Nach der theoretischen Einführung in das Wissensmanagement mit Mappingtechniken folgt nun der praktische Teil: Dieses Kapitel vermittelt Ihnen Schritt für Schritt die Methoden des Mind Mappings und Concept Mappings. Sie lernen, wie Sie Mind Maps und Concept Maps erstellen und übersichtlich gestalten können.

Zudem erfahren Sie, was man genau unter „Concept“ versteht, wie Concept Maps aufgebaut sind und welche Relationen es gibt. Darüber hinaus zeigen wir Ihnen, wie Sie vorstrukturierte Concept Maps als Lehrmethode einsetzen können.

2.1 Mind Maps

Lernen Sie nun, Ihr assoziatives und kreatives Potenzial des Denkens mit Mind Maps zu fördern.

2.1.1 So erstellen Sie eine Mind Map

Alles was Sie brauchen ist ein Blatt Papier (am besten DIN-A3 im Querformat) oder eine Pinnwand, farbige Stifte sowie etwas Zeit. Und so geht’s:

- Ausgangspunkt der Mind Map bildet das Thema, das Problem oder die Fragestellung, die Sie bearbeiten wollen. Schreiben oder malen Sie das Thema in die Mitte des Blattes und kreisen Sie es zusätzlich ein.

- Fügen Sie drei bis vier wichtige Aspekte zum Thema in Form von Hauptästen an.

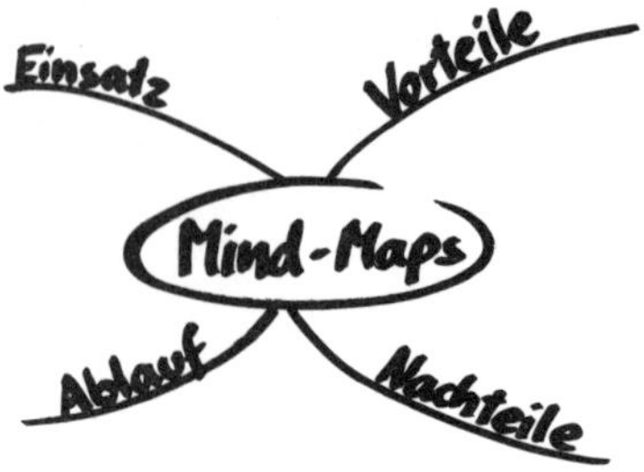

- Lassen Sie nun Ihren Gedanken freien Lauf. Notieren sie alle Ideen in Stichworten. Wenn der Gedanke zu einem der bereits bestehenden Hauptäste passt, so hängen Sie diesen dort an. Wenn nicht, gehört er oder wird er selbst zu einem neuen Hauptast. Erheben Sie nicht den Anspruch auf Vollständigkeit und absolute Trennschärfe. Wichtig ist, dass Sie alle Gedanken festhalten, die Ihnen in den Sinn kommen.

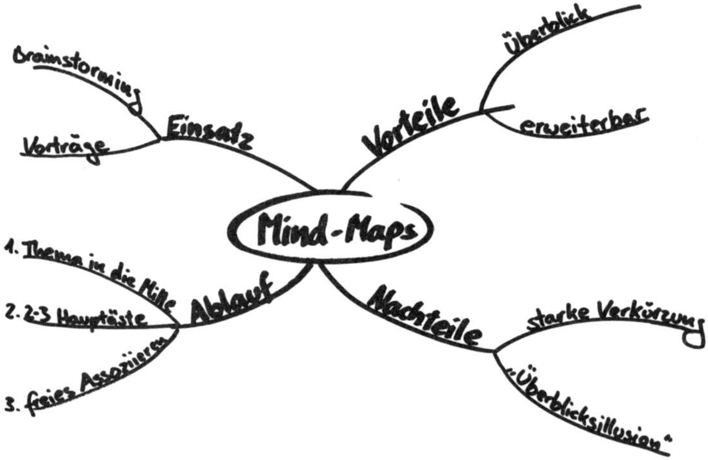

Tipp: Wählen Sie für Ihre erste Mind Map ein Ihnen vertrautes Thema. Stellen Sie sich beispielsweise vor, Sie sollen einen Vortrag über Ihr Hobby, Ihren Betrieb oder ähnliches halten. Sammeln Sie dazu die Inhalte in Form einer Mind Map.

2.1.2 So gestalten Sie ihre Mind Map übersichtlich

Im Folgenden finden Sie einige Tipps zur übersichtlichen Gestaltung ihrer Mind Maps:

- Verwenden Sie unterschiedliche Farben um Zusammengehörende Bereiche hervorzuheben.
- Pro Ast möglichst nur ein Stichwort.
- Schreiben Sie die Stichworte auf waagrechte Linien und drehen Sie das Blatt nicht.
- Wo es möglich ist, fügen Sie Bilder und Symbole ein.
- Reihenfolgen können durch Nummerierungen festgelegt werden.
- Wird die Mind Map zu unübersichtlich, so erstellen Sie zu einzelnen Unterpunkten eigene Mind Maps.

Tipp: Achten Sie während des Mind Mappings nicht allzu sehr auf Gestaltungsmerkmale, um den Ideenstrom nicht unnötig zu unterbrechen. Die Ausgestaltung Ihrer Mind Map können Sie im Anschluss an die Ideenfindung durchführen.

2.2 Concept Maps

Lernen Sie nun, wie Concept Maps Sie bei der analysierenden und reflektierenden Auseinandersetzung mit einem Thema unterstützen. Bevor wir Sie Schritt für Schritt in die Technik des Concept Mappings einführen, wird zunächst definiert, was ein „Concept" ist, und wie eine Concept Map aufgebaut ist.

2.2.1 Was ist ein „Concept"?

„Concept" ist englisch und bedeutet u. a. Begriff, Entwurf, Plan oder Konzept. Stellen Sie sich vor, Sie müssten einem Kind erklären, was ein Auto ist. Das wird Ihnen nicht sonderlich schwer fallen. Wahrscheinlich zeigen Sie ihm ein Auto und erklären dann vielleicht, dass ein Auto ein Fahrzeug ist, das der Fortbewegung dient, dass es im Wesentlichen aus Karosserie, einem Motor und Rädern besteht usw. Sie haben also eine Vorstellung davon –

man könnte auch sagen ein Konzept oder einen Plan –, was ein Auto ist. All Ihr Wissen zum Thema wird in dem Begriff „Auto" gebündelt.

Dabei sind unsere Begriffe bzw. Konzepte nie ganz identisch. Ein Automechaniker wird beispielsweise über ein deutlich differenzierteres Konzept von einem Auto verfügen, als ein Laie.

2.2.2 Wie ist eine Concept Map aufgebaut?

Wie wir bereits gesehen haben, lässt sich die Bedeutung des Konzepts Auto nur verstehen, wenn weitere Konzepte (wie z. B. Fahrzeug, Motor, Räder, Fortbewegung etc.) berücksichtigt werden. Dabei stehen die Konzepte nicht für sich alleine, sondern sind miteinander durch Beziehungen (ist, führt zu, entspricht, besteht aus, hat zum Ziel, ist Teil von, etc.) verbunden. Ein umfassendes Verständnis der Bedeutung eines Konzepts ist somit nur im Lichte seiner Beziehungen zu weiteren Konzepten zu verstehen. Die beiden Begriffe „Auto" und „Fahrzeug" sind z. B. durch die Relation „ist" miteinander verbunden, wie es sich in dem Satz „Ein Auto ist ein Fahrzeug" ausdrückt.

Diese Beziehungen zwischen einzelnen Konzepten lassen sich auch folgendermaßen graphisch darstellen:

Abb. 4: Graphische Darstellung der Relation „Ein Auto ist ein Fahrzeug"

Fügt man nun Schritt für Schritt einzelne Begriffe hinzu und ergänzt die Beziehungen zu den bisherigen Begriffen, so entsteht eine visuelle Darstellung - eine Art Landkarte der relevanten Konzepte: Eine Concept Map ist entstanden.

Wenn Sie die Concept Map in Abb. 5 genauer betrachten, werden Sie feststellen, dass Sie mit jedem der Begriffe weiterführende Aspekte assoziieren. Beispielsweise wissen Sie, dass ein Motor aus mehreren Zylindern, Zündkerzen, einer Einspritzpumpe usw. besteht: Hinter jedem Konzept verbirgt sich wiederum ein mehr oder weniger differenziertes Netz an Begriffen. Sie können daher jeden Begriff zum Ausgangspunkt einer neuen Concept Map machen. Allein das Thema bzw. die Fragestellung bestimmt somit, welche Begriffe verwendet und welche ausgeblendet werden.

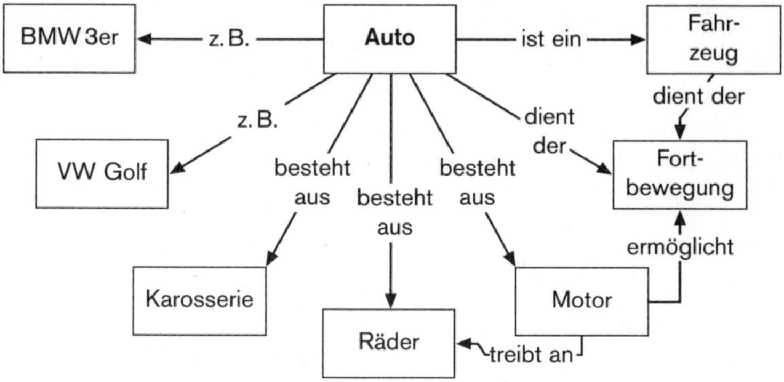

Abb. 5: Eine einfache Concept Map zum Thema Auto

2.2.3 So erstellen Sie eine Concept Map

Es folgt nun ein detaillierter Leitfaden zur Erstellung Ihrer ersten eigenen Concept Map. Wählen Sie dafür am besten ein Ihnen vertrautes Thema.

(1) Legen Sie das Inhaltsgebiet fest, zu dem Sie eine Concept Map erstellen wollen.

(2) Erstellen Sie auf einem separaten Blatt eine Liste aller wichtigen Schlüsselbegriffe, die Ihnen zum Thema einfallen.

(3) Schreiben Sie nun das Thema auf ein leeres Blatt und umkreisen Sie es (=Knoten).

(4) Suchen Sie nun aus der Liste der Schlüsselbegriffe auf Ihrem Extrablatt den umfassendsten Begriff heraus. Schreiben Sie diesen in einen neuen Knoten.

(5) Überlegen Sie, wie die beiden Begriffe miteinander in Beziehung stehen. Zeichnen Sie eine Linie zwischen die beiden Knoten und beschriften Sie die Verbindung mit einem Wort, das die Beziehung zueinander verdeutlicht.

(6) Wählen Sie einen weiteren Schlüsselbegriff aus der Liste aus. Prüfen Sie, mit welchen der bereits vorhandenen Begriffen dieses Schlüsselwort in Beziehung steht. Das erleichtert Ih-

nen eine sinnvolle räumliche Anordnung, um so Zusammengehörendes zu gruppieren und Überschneidungen von Verbindungslinien zu vermeiden. Schreiben Sie nun den Begriff in einen neuen Knoten.

(7) Finden Sie heraus, in welcher Relation dieses Schlüsselwort zu den bereits vorhandenen Begriffen steht. Zeichnen Sie eine bzw. mehrere Linien, um die Beziehung(en) zu verdeutlichen und beschriften Sie diese.

(8) Wiederholen Sie Schritt 6 und 7 bis alle wichtigen Begriffe in die Concept Map integriert sind.

(9) Überprüfen Sie die Concept Map. Folgende Fragen können Ihnen dabei helfen:
- Haben Sie die wichtigsten Elemente und Zusammenhänge deutlich gemacht und die Relationen beschriftet?
- Haben Sie genügend strukturiert um einen guten Überblick zu erhalten? Welche anderen Strukturen oder Perspektiven wären möglich (s. Kapitel 3: „Darstellungsstrukturen")?
- Haben Sie Informationen aus verschiedenen Quellen integriert?
- Wo sind Lücken zu erkennen?
- Können Sie jeden Knoten erklären und Beispiele geben?

2.2.4 So gestalten Sie Ihre Concept Maps übersichtlich

Häufig passiert es, dass Concept Maps unübersichtlich werden. Man versucht zu viele Aspekte zu berücksichtigen und verliert sich in einem Gewirr von Knoten und Pfeilen. Folgende Hinweise erleichtern den Durchblick:

- Beschränken Sie sich auf die wesentlichen Aspekte.
- Verwenden Sie unterschiedliche Farben, Schriftgrößen und Formen (z. B. Ovale und Rechtecke), um Zusammengehöriges zu kennzeichnen.
- Ordnen Sie Ihre Concept Map so an, dass sich möglichst wenige Pfeile überschneiden.
- Ist das Themengebiet sehr komplex, so erstellen Sie eine neue Concept Map zu einem der Unterbegriffe.
- Je nach Thema eignen sich unterschiedliche Darstellungsfor-

men (z. B. Hierarchien, Abläufe). Wählen Sie eine Darstellung, die Ihrem Thema gerecht wird (siehe Kapitel 3: „Darstellungsstrukturen").

2.2.5 Welche Relationen gibt es?

Es gibt eine Vielzahl an möglichen Relationen. Es kann hier also nicht darum gehen, eine vollständige Liste aller erdenklichen Beziehungen vorzustellen. Vielmehr soll die folgende Auswahl typischer Relationen (Abb. 6) Ihnen den Einstieg ins Concept Mapping erleichtern.

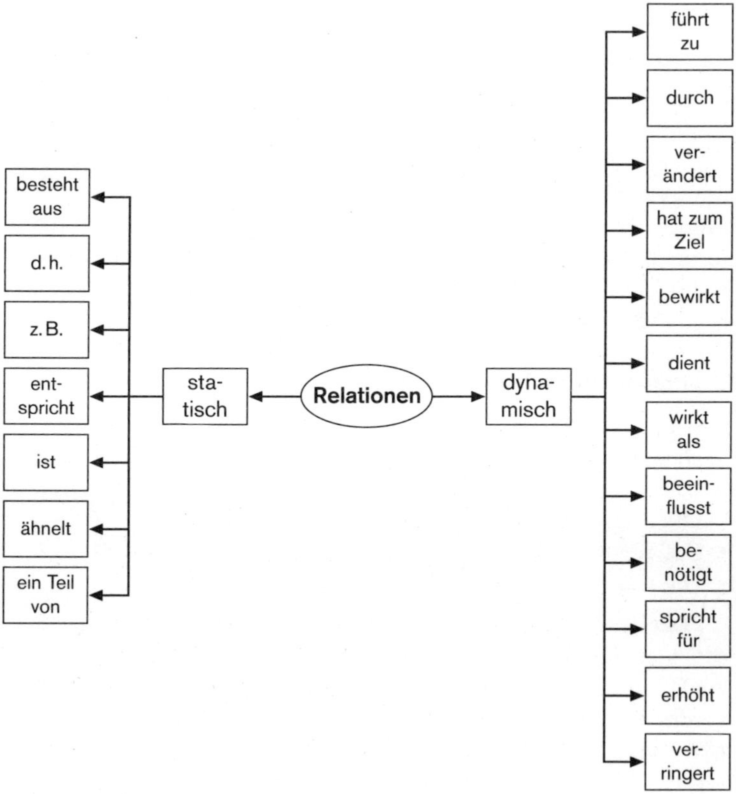

Abb. 6: Auswahl typischer Relationen

Neben verbalen Beziehungen können Sie auch formalisierte Formen verwenden. Zwei Beispiele sehen Sie hier:

+	positiver Zusammenhang
–	negativer Zusammenhang (ein Beispiel zu diesen formalisierten Beziehungen sehen sie in Abbildung 14: Direkte und indirekte Einflüsse auf die Mathematikleistung)
——►	spricht dafür (grüner Pfeil, hier grau wiedergegeben)
- - - -►	spricht dagegen (roter Pfeil, hier gestrichelt wiedergegeben)

2.2.6 So setzen Sie vorstrukturierte Concept Maps als Lehrmethode ein

Concept Mapping eignet sich auch hervorragend als Lehrmethode. So können Sie beispielsweise in Ihren Seminaren gemeinsam mit Ihren Teilnehmern an der Tafel oder am Flipchart eine Concept Map erstellen, oder Ihre Teilnehmer fertigen nach einem Vortrag von Ihnen jeder für sich eine Map an. Dabei gibt es immer wieder Situationen, in denen es sich empfiehlt, Concept Maps nicht frei erstellen zu lassen, sondern vorzustrukturieren. Folgende Aspekte sprechen für eine Vorstrukturierung:

- Überforderung vermeiden
- Auf das Wesentliche konzentrieren
- Vergleichbarkeit schaffen
- Zeitersparnis

Das Ausmaß der Vorstrukturierung kann dabei variiert werden. Vorgegeben werden können u. a.:

- Die Schlüsselwörter
- Die Relationen
- Die räumliche Anordnung

Darüber hinaus können die Concept Maps offen oder geschlossen sein. Offen bedeutet, dass eigene Elemente bzw. Relationen zusätzlich zu den Vorgegebenen hinzugefügt werden können. Bei geschlossenen Concept Maps dürfen dagegen nur die vorgegebenen Elemente bzw. Relationen verwendet werden. Dies erleichtert die Vergleichbarkeit mehrere Maps untereinander.

Im Folgenden finden Sie zwei beispielhafte Varianten mit Instruktionsanleitung, die sich im Ausmaß der vorgegebenen Struktur unterscheiden.

Variante 1: Zusammenhänge finden

Die Vorgehensweise „Zusammenhänge finden“ ist relativ einfach und auch für Teilnehmer geeignet, die geringe Vorkenntnisse in Bezug auf den Seminarinhalt und die Technik des Concept Mappings besitzen.

Sie bereiten als Seminarleiter eine noch unvollständige Concept Map vor, indem sie Schlüsselwörter angeben, die sich auf zentrale Inhalte des Seminars beziehen. Lassen Sie dabei aber die Verbindungslinien aus. Diese räumliche Vorgruppierung soll die Teilnehmer entlasten und ihnen die Möglichkeit geben, sich ganz auf die Zusammenhänge zu konzentrieren. Teilen Sie jedem Teilnehmer ein Blatt mit dieser noch unvollständigen Concept Map aus. Ein Beispiel zum Thema Konjunktur sehen Sie in Abb. 7.

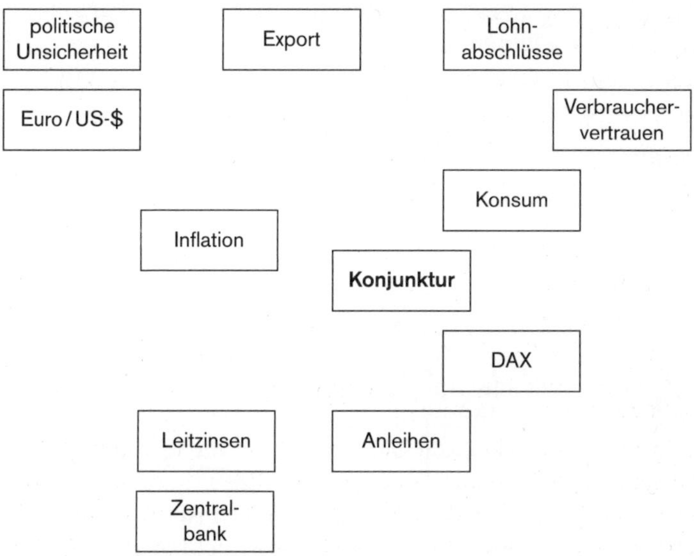

Abb. 7: Unvollständige Concept Map zum Thema Konjunktur: Die Teilnehmer haben die Aufgabe, die Verbindungslinien in die Concept Map einzuzeichnen und zu beschriften (Vorgehensweise 1)

Geben Sie den Teilnehmern anschließend die folgende Instruktion zu der Map:

(1) Auf dieser Seite sehen Sie mehrere Kästchen mit Schlüsselwörtern. Diese beziehen sich auf Inhalte des Seminars.
(2) Überlegen Sie, welche Beziehungen zwischen den Begriffen auf dem Blatt bestehen und verbinden Sie zusammenhängende Begriffe. Beschriften Sie die Linien, indem Sie die Art der Beziehung angeben (zum Beispiel „führt zu", „verursacht durch", „ist Beispiel für", „setzt voraus", „trägt dazu bei", etc.).
(3) Falls Ihnen weitere zum Thema passende Begriffe einfallen, können Sie diese zusätzlich einzeichnen.
(4) Überprüfen Sie, ob die Map Ihr Wissen angemessen widerspiegelt. Schreiben Sie mögliche Fragen oder Ergänzungen unter die Map.
(5) Kästchen, die Ihre wichtigsten persönlichen Interessen deutlich machen, markieren Sie bitte jeweils farbig (Farbe vorher durch Seminarleiter festgelegt).

Mögliche Ergänzung: Einige Verbindungslinien samt Beschriftung könnten exemplarisch vorgegeben werden.

Variante 2: Concept Map konstruieren

Während bei der ersten Vorgehensweise die räumliche Struktur und die Schlüsselwörter vorgegeben werden, sind die Schlüsselwörter hier in Form einer Liste vorgegeben (ohne räumliche Vorgruppierung). Bereiten Sie als Seminarleiter eine Liste mit Schlüsselwörtern vor (siehe Abb. 8).

Händigen sie jedem Teilnehmer ein solches Blatt sowie die folgende schriftliche Instruktion aus. Sprechen Sie diese Schritt für Schritt mit den Teilnehmern durch.

(1) Auf ihrem Arbeitsblatt sehen Sie eine Liste von Schlüsselwörtern. Diese beziehen sich auf Inhalte des Seminars. Lesen Sie sich zunächst alle Schlüsselwörter der Liste durch.
(2) Wählen Sie nun ein Start-Schlüsselwort mit dem Sie möglichst viel „verbinden" können. Mit „verbinden" sind sowohl Verknüpfungen mit Ihrem Vorwissen als auch den anderen vorgegebenen Schlüsselwörtern gemeint.

(3) Zeichnen Sie dieses Start-Schlüsselwort in der Mitte des Blattes ein. Wählen Sie nun die damit zusammenhängenden Schlüsselwörter aus der Liste und gruppieren diese um das erste Schlüsselwort. Außerdem zeichnen Sie bitte auch Begriffe aus Ihrem Vorwissen (die nicht in der Liste stehen) ein.

Konjunktur
DAX
Export
Euro / US-$
Zentralbank
Leitzinsen
Inflation
Anleihen
Lohnabschlüsse
Konsum
politische Unsicherheit
Verbrauchervertrauen

Abb. 8: Liste mit Schlüsselwörtern zum Thema Konjunktur: Die Teilnehmer haben die Aufgabe, aus diesen Schlüsselwörtern eine Concept Map zu konstruieren

(4) Überlegen Sie, welche Beziehung zwischen den Begriffen auf dem Blatt besteht und verbinden Sie zusammenhängende Begriffe. Beschriften Sie die Linie mit der Art der Beziehung (führt zu, verursacht durch, Beispiel, setzt voraus, trägt dazu bei etc.).

(5) Versuchen Sie dann, die anderen Schlüsselwörter, soweit Sie etwas mit Ihnen anfangen können, in Ihre Map zu integrieren. Übergehen Sie Schlüsselwörter, mit denen Sie nur wenig oder gar nichts anfangen können.

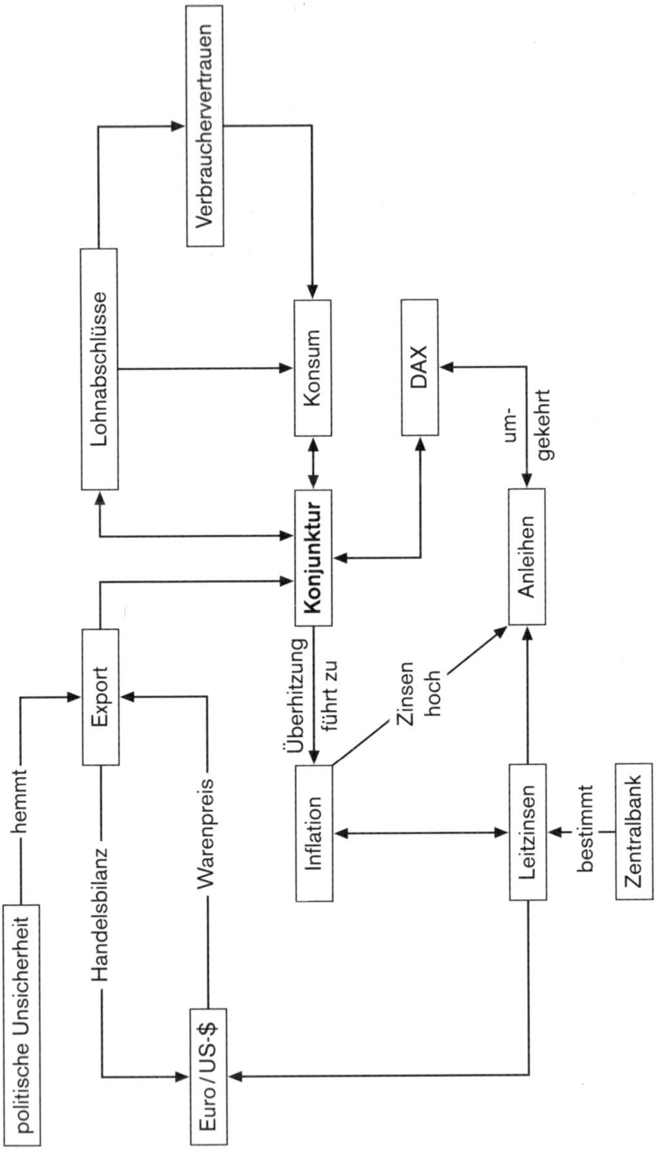

Abb. 9: Ergebnis eines Teilnehmers nach Methode 1 bzw. 2, Pfeile ohne Beschriftung bedeuten „beeinflusst"

(6) Bevor Sie Ihre Concept Map beenden, überprüfen Sie, ob die gezeichnete Map Ihre Wissensstruktur zu den genannten Inhalten adäquat widerspiegelt. Schreiben Sie mögliche Fragen oder Ergänzungen unter Ihre Map.
(7) Um Ihre besonderen Interessen sichtbar zu machen, markieren Sie besonders interessante Begriffe farbig (Farbe vorher durch Seminarleiter festgelegt).

Variation: Auch hier können eventuell schon das Hauptthema und einige damit verbundene Kästchen vorgegeben werden. Diese Vorgabe kann als Fokussierung und Zeitersparnis für die Teilnehmer dienen. Ein mögliches Ergebnis sehen Sie in Abb. 9.

3. Darstellungsstrukturen

Menschen setzen sich mit Themen auseinander, begreifen Inhalte oder analysieren Sachverhalte, indem sie versuchen, einen Sinn, eine Logik bzw. eine Struktur in den Dingen zu erkennen. Es ist ein alter Philosophenstreit, ob wir den Sinn in die Dinge hinein legen, oder ob Inhalten bzw. Sachverhalten ein bestimmter Sinn, eine Logik, innewohnt, die es zu entdecken gilt. Dieser Streit soll uns im Folgenden nicht weiter beschäftigen. Wichtig ist, dass es relativ wenige prototypische Darstellungsstrukturen für Inhalte gibt. Da bei Concept Maps – im Unterschied zu den Mind Maps – die Beziehungen zwischen Schlüsselbegriffen explizit benannt werden, eignen sie sich gut, um solche Strukturen zu visualisieren. In diesem Kapitel werden die wichtigsten logischen und inhaltlichen Darstellungsstrukturen anhand von Beispiel-Maps veranschaulicht. Die vorgestellten prototypischen Darstellungsstrukturen verstehen wir als Anregungen für die Gestaltung Ihrer eigenen Maps. Sie können Ihnen quasi als „logische Schablonen“ dienen, wenn Sie eine Concept Map zu einem bestimmten Thema entwerfen.

3.1 Hierarchische Darstellungsstrukturen

Die bekanntesten hierarchischen Darstellungsstrukturen sind die Abstraktions- und die Komplexionshierarchie (Quelle: www.paeps.de). Bei der Abstraktionshierarchie – häufig auch Inklusionshierarchie genannt – wird eine übergeordnete Kategorie systematisch in untergeordnete Kategorien zerlegt. Anders ausgedrückt: Es wird ein übergeordneter allgemeiner Begriff in spezifischere Begriffe ausdifferenziert. Das Beispiel in Abb. 10 auf S. 28 veranschaulicht diesen Zusammenhang.

In einer Komplexionshierarchie wird demgegenüber ein übergeordnetes Ganzes in seine untergeordneten **Bestandteile** zerlegt. Zwischen einer untergeordneten Ebene und der ihr übergeordneten Ebene bestehen jeweils Teil-Ganzes-Relationen. Ein Beispiel dafür zeigt Abb. 11 (S. 29).

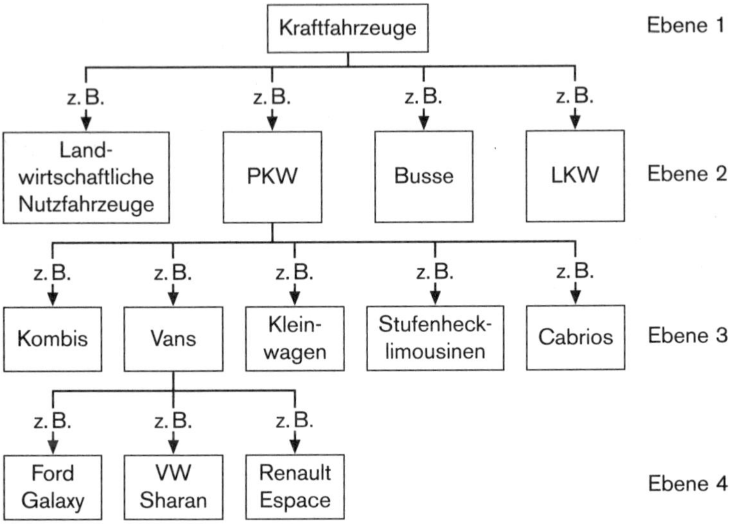

Abb. 10: Abstraktionshierarchie von Kraftfahrzeugen

Neben der reinen Abstraktions- und Komplexionshierarchie finden sich häufig Mischformen. Dies veranschaulicht das Beispiel in Abb. 12 (S. 30).Bemerkenswert an diesem Beispiel ist, dass die Teil-Ganzes-Relationen, die auf der obersten Hierarchieebene dargestellt sind, logisch zwingend auch auf den unteren Hierarchieebenen Gültigkeit besitzen. Denn insofern PKW eine Subkategorie von Kraftfahrzeugen sind, und Vans eine Subkategorie von PKW, kann man logisch folgern, dass Vans wie zum Beispiel der Ford Galaxy oder VW Sharan einen Verbrennungsmotor besitzen müssen. Man spricht in diesem Zusammenhang von einer „Vererbung" von Merkmalen auf Grund der Inklusionsbeziehung zwischen Ober- und Unterbegriffen. Die Darstellung dieser logisch-semantischen Beziehungen als Concept Map ermöglicht es dem Leser, solche Schlussfolgerungen unmittelbar in der Map abzulesen. Die Map erleichtert auf diese Weise das logische Denken erheblich, denn man braucht die Schlussfolge-

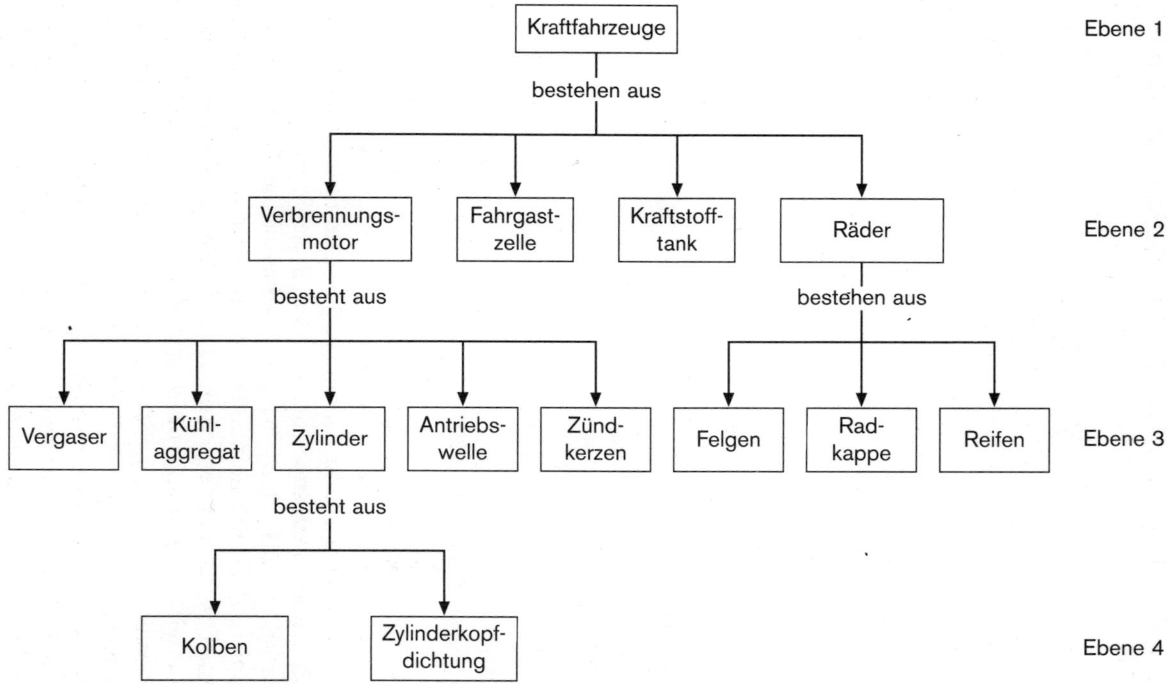

Abb. 11: Komplexionshierarchie bei Kraftfahrzeugen

rungen nicht selbst zu ziehen, man kann sie quasi sehen und ablesen.

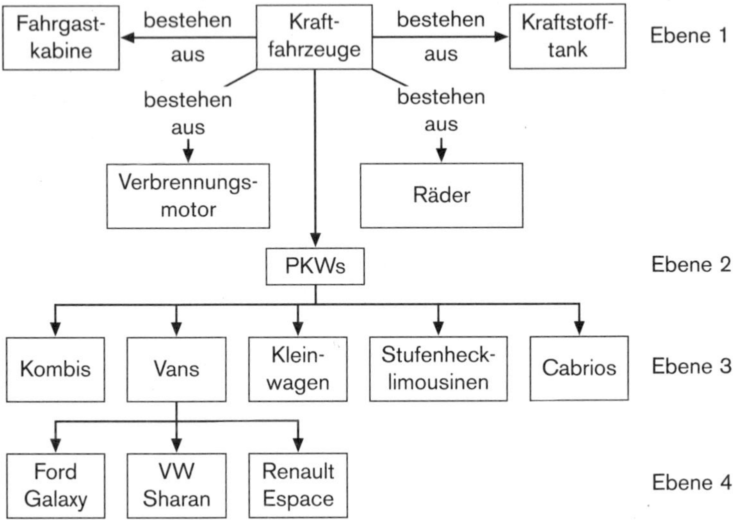

Abb. 12: Mischform von Abstraktions- und Komplexionshierarchie

3.2 Kausalbeziehungen

Neben Überordnungs-/Unterordnungsbeziehungen sowie Teil-Ganzes-Beziehungen sind Kausalrelationen eine weitere wichtige Darstellungsstruktur. Gerade in naturwissenschaftlichen und technischen Inhaltsbereichen (Physik, Biologie, Medizin) haben Ursache-Wirkungs-Beziehungen eine herausragende Bedeutung. Grundsätzlich gibt es eine deterministische und eine probabilistische Auffassung von Kausalität. In **deterministischen Kausalmodellen** determiniert die Ursache das Auftreten einer Wirkung vollständig. Die Ursache ist eine hinreichende Bedingung für das Auftreten der Wirkung. In **probabilistischen Kausalmodellen** ist der Zusammenhang zwischen Ursache und Wirkung statistischer Natur. Es kann eine statistische Wahrscheinlichkeit angegeben werden, dass bei Vorliegen einer bestimmten verursachenden Bedingung die korrespondierende Wirkung eintritt. Der Zusammenhang zwischen Ursache und Wirkung ist quasi „aufgeweicht". Er kann mehr oder weniger eng sein. Nachfolgend finden Sie ein Beispiel für ein typisches deterministisches Kausalmodell. Der Prozess der Antriebserzeugung in einem Verbrennungsmotor lässt sich hierbei als eine einfache Kausalkette beschreiben.

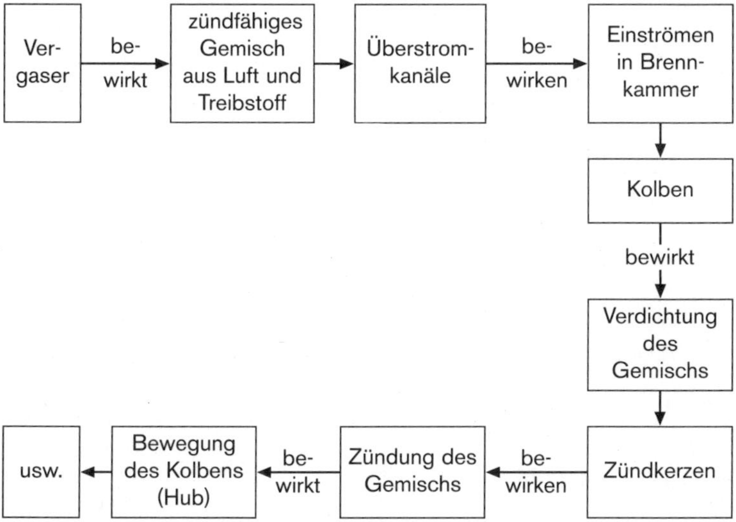

Abb. 13: Deterministisches Kausalmodell am Beispiel der Funktionsweise eines Verbrennungsmotors

In der Concept Map in Abb. 14 werden direkte und indirekte Einflüsse auf die Mathematikleistung deutlich. Es handelt sich in diesem Beispiel um ein probabilistisches Kausalmodell. Die Richtung der Pfeile gibt die Richtung der Kausalwirkung an. Die Dicke der Pfeile symbolisiert die Stärke eines Einflussfaktors. Je dicker ein Pfeil, desto stärker der Einfluss eines Faktors bzw. umso enger ist der Zusammenhang zwischen Ursache und Wirkung. Einen besonders starken direkten Einfluss auf die Mathematikleistung hat das Vorwissen. Es wirkt jedoch auch indirekt (über eine Erhöhung der Anstrengungsintensität und -initiierung sowie der Abschwächung der Leistungsangst) auf die Mathematikleistung ein.

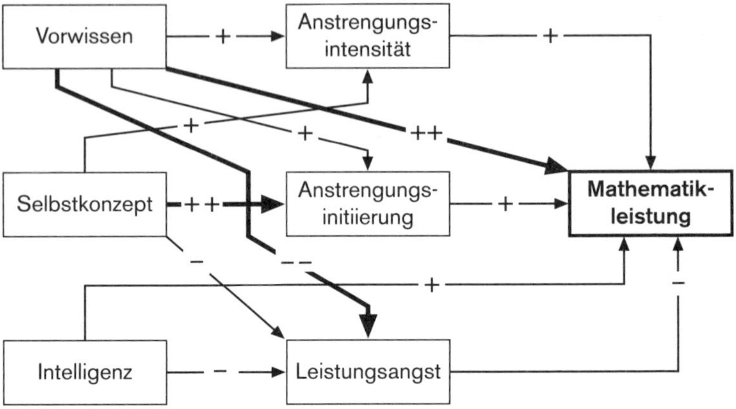

Abb. 14: Direkte und indirekte Einflüsse auf die Mathematikleistung

3.3 Zeitliche Abläufe

Ablaufstrukturen oder **Flussdiagramme** sind sinnvoll, wenn Informationen eine zeitliche Reihenfolge besitzen (z. B. Produktionsablauf, Informationsfluss oder Zubereitung eines Essens). Deterministische Kausalmodelle, wie sie im vorangehenden Abschnitt vorgestellt wurden, sind im Grunde ein Spezialfall von Ablaufstrukturen, insofern die Ursache der Wirkung grundsätzlich vorausgeht, die Kausalität also notwendig eine zeitliche Reihenfolge impliziert. In diesem Abschnitt werden nun weitere häufig anzutreffende Varianten von Ablaufstrukturen vorgestellt. Wir konzentrieren uns dabei auf komplexe Handlungsfolgen und Entscheidungsprozesse. Concept Maps als Visualisierungswerkzeuge sind hier besonders sinnvoll, da bei den angesprochenen Abläufen oft Überlappungen vorhanden sind, d. h. mehrere Handlungen überlappen sich zeitlich, oder es bestehen alternative Entscheidungsoptionen. In Abb. 15 finden Sie als Beispiel einer komplexen Handlungsfolge eine Concept Map über die Umsetzung eines italienischen Kochrezepts.

Crespelle di spinaci
(Pfannkuchenrollen mit Spinat)

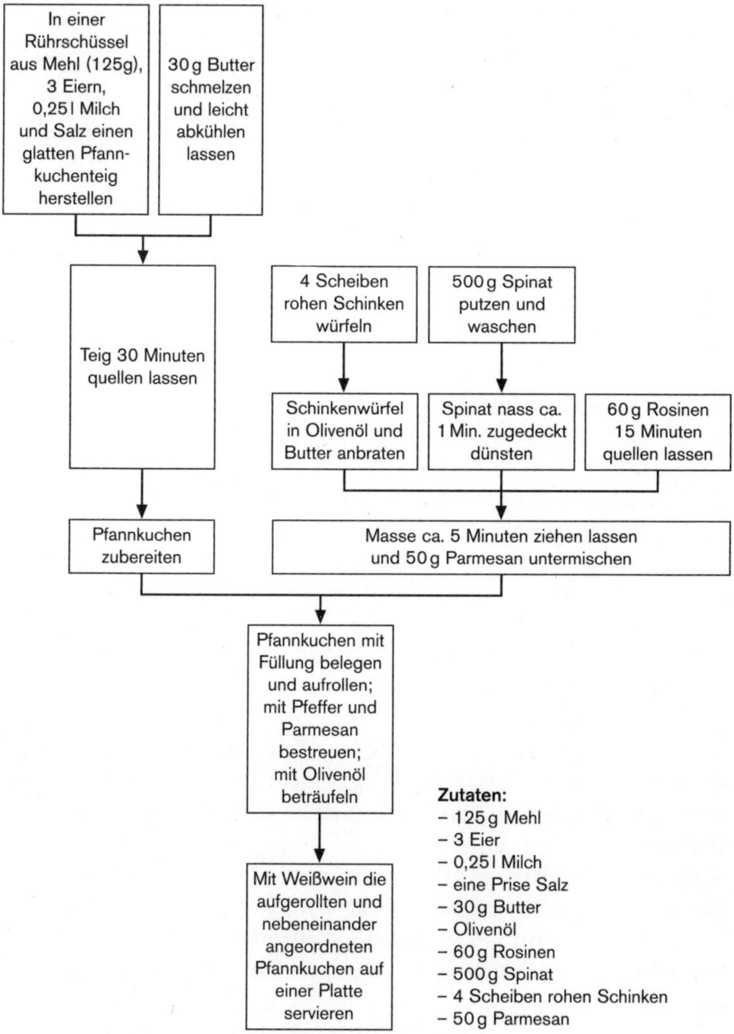

Abb. 15: Ein Rezept als Flussdiagramm

In der Concept Map „Kundenanfrage-Prozess“ werden die Ablaufstruktur sowie der systematische Entscheidungsprozeß einer Kundenanfrage deutlich (Abb. 16).

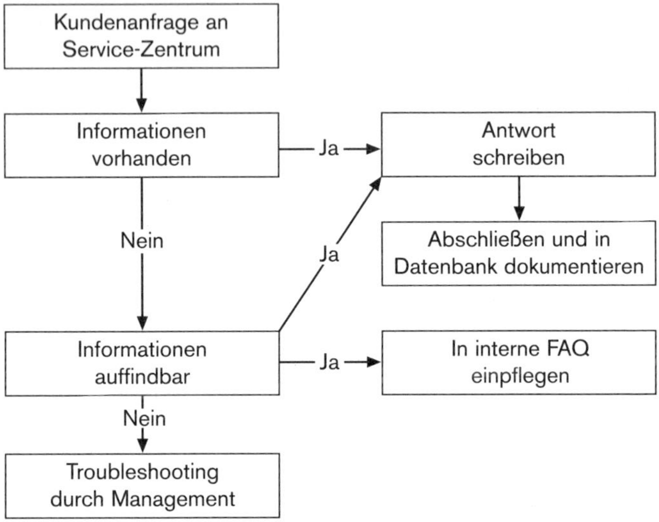

Abb. 16: Kundenanfrage-Prozess

3.4 Institutionalisierte Handlungsstrukturen

In vielen Fällen dienen Concept Maps dazu, die Aufgabenstruktur sowie die rechtlich definierten Handlungsmöglichkeiten und Handlungsbeschränkungen beim Zusammenwirken von Institutionen (beispielsweise Bundestag und Bundesrat) zu visualisieren.

Im Beispiel (Abb. 17) wird der Ablauf von Gesetzgebungsverfahren in Deutschland dargestellt. Um eine bessere Übersicht zu erhalten und störende „sich überkreuzende Linien“ zu vermeiden wurden Begriffe wie zum Beispiel Bundesrat mehrfach aufgezeichnet.

Eine weitere Variante institutionalisierter Handlungsstrukturen sind **Abteilungshierarchien** und **Organigramme**. Es handelt sich hier um eine hierarchische Mischform. Es werden sowohl Teil-Ganzes-Relationen als auch Verantwortungs- bzw. Weisungshierarchien visualisiert.

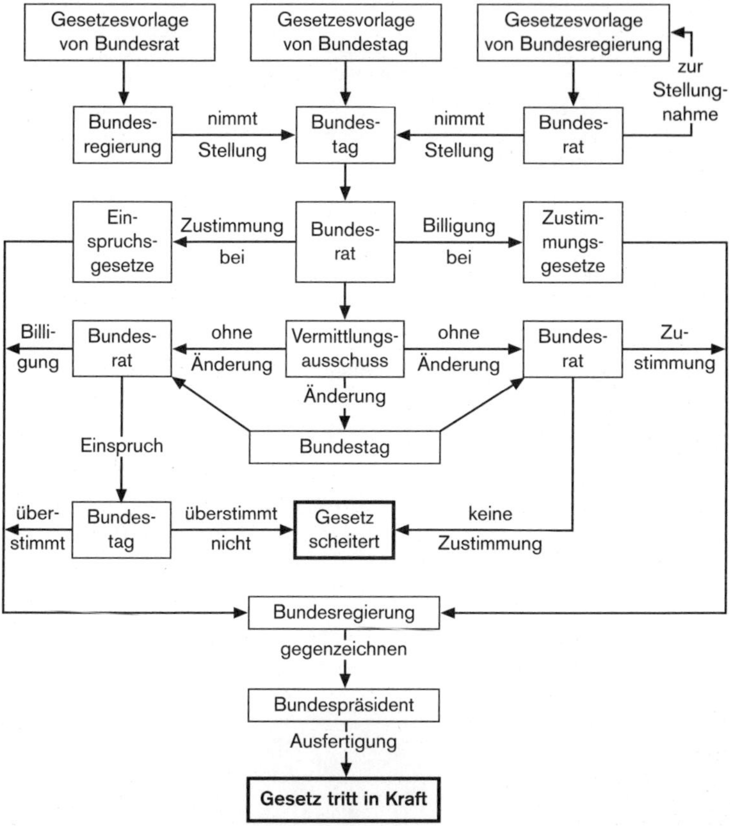

Abb. 17: Gesetzgebungsverfahren in Deutschland

Bei der Concept Map eines Unternehmens (Abb. 18, S. 36) erkennt man auf einen Blick den Aufbau des Unternehmens und wer für welchen Bereich verantwortlich ist. Bei großen Unternehmen ist diese Struktur wiederum Teil einer größeren Struktur (die vielleicht nach Produktfamilien gegliedert ist).

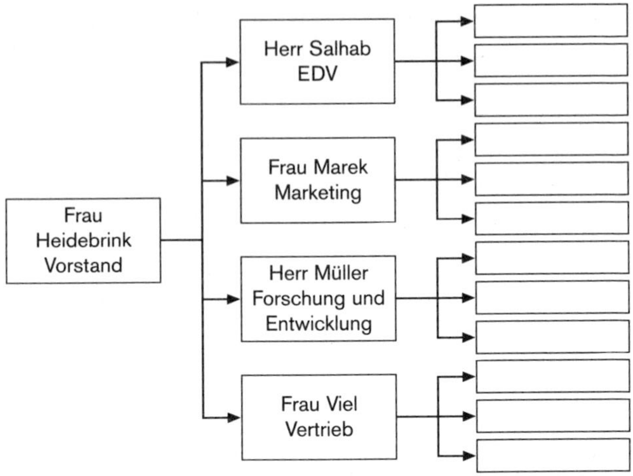

Abb. 18: Ausschnitt der Abteilungshierarchie eines Unternehmens

3.5 Vergleiche

Eine andere Art von Darstellungsstruktur sind Vergleiche. Bei Vergleichen werden Merkmale oder Eigenschaften einander gegenüber gestellt und evtl. gegeneinander abgewogen. Obwohl für diese Inhaltsstruktur häufig Tabellen verwendet werden, eignen sich auch Concept Maps, vor allem wenn außer einer

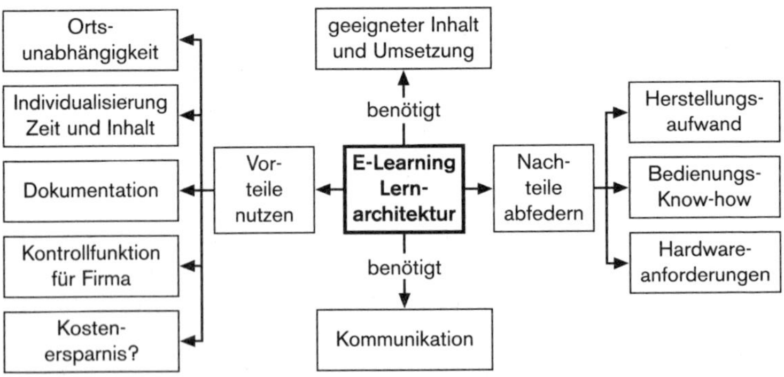

Abb. 19: Vor- und Nachteile von E-Learning

Gegenüberstellung (Unterschiede, Vor- und Nachteile) weitere Informationen integriert werden sollen (Einflussfaktoren bzw. Gemeinsamkeiten). Bei dem Beispiel Vor- und Nachteile von E-Learning (Abb. 19) werden außer den Vor- und Nachteilen wichtige Einflussfaktoren wie z. B. Kommunikation, Inhalt und Umsetzung berücksichtigt.

Um beispielsweise Unterschiede und Gemeinsamkeiten von Märchen und Sage graphisch darzustellen, kann die Anordnung in Abb. 20 gewählt werden. Die gemeinsamen Merkmale werden in der Mitte, die jeweils spezifischen Merkmale links und rechts angeordnet.

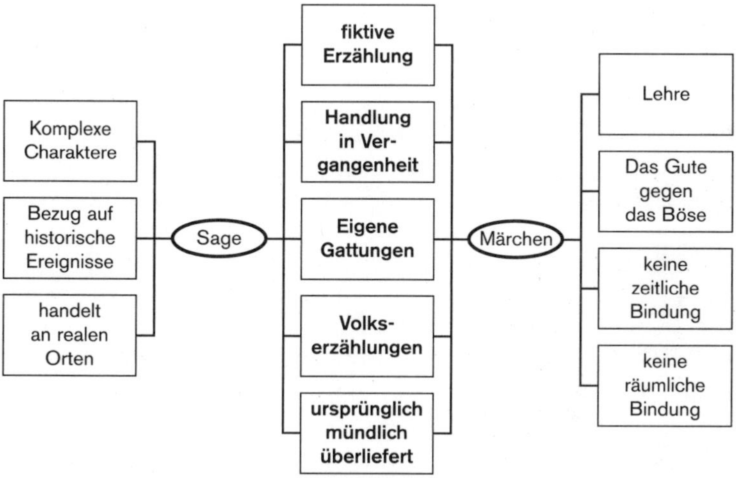

Abb. 20: Unterschiede und Gemeinsamkeiten von Märchen und Sage

3.6 Mischformen

Neben den bereits diskutierten prototypischen Darstellungsstrukturen sind eine Vielzahl weiterer Varianten und Mischformen denkbar. Diese Mischformen zeichnen sich dadurch aus, dass nicht lediglich eine bestimmte semantische Beziehung vorherrschend eingesetzt wird (z. B. die Überordnungs-Unterordnungs-Relation oder die Teil-Glanzes-Relation). Vielmehr werden je nach Inhalt und persönlichen Erfordernissen mehrere semantische Relationen gleichzeitig eingesetzt. In der folgenden Concept Map, die sich nicht in die obigen Kategorien einordnen lässt, werden wichtige Eigenschaften und Funktionen von Mappingverfahren dargestellt (vgl. Abb. 21). So werden Kausalbeziehungen („durch“) als auch unterschiedliche Funktionsbezeichnungen („dient“, „zeigt“) verwendet, um die Beziehungen zwischen den einzelnen Begriffen zu beschreiben.

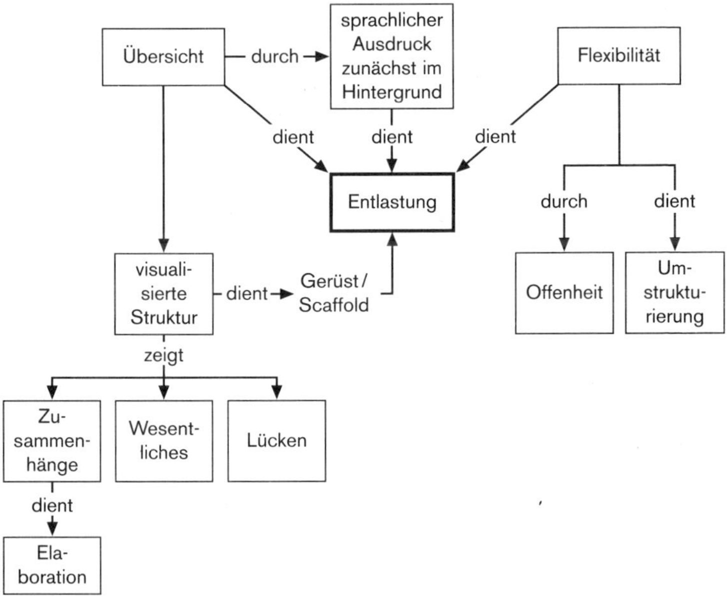

Abb. 21: Wichtige Eigenschaften und Funktionen von Mappingverfahren

Die Concept Map zur Funktionsweise eines Kohlekraftwerks (vgl. Abb. 22) ist ein weiteres Beispiel einer Mischform, in der u. a. verschiedene Kausalrelationen („erzeugt“, „treibt an“), Überordnungs-Unterordnungs-Relationen („z. B.“) sowie Eigenschaftszuschreibungen („hat“) Verwendung finden. Letztlich sind der Phantasie und dem analytischen Verstand bei der Erstellung von Concept Maps keine Grenzen gesetzt.

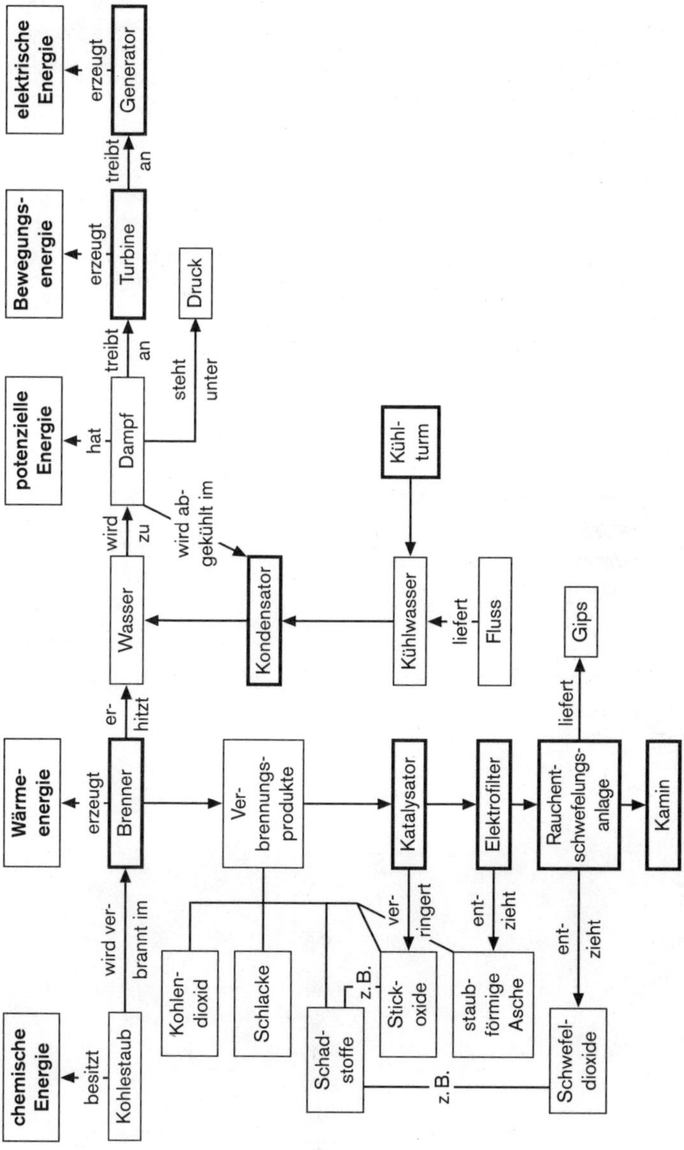

Abb. 22: Concept Map zur Funktionsweise eines Kohlekraftwerks

4. Einsatzmöglichkeiten

In diesem Kapitel lernen Sie die vielfältigen Einsatzmöglichkeiten von Mind Maps und Concept Maps kennen. In Form von praxisnahen Ablaufskripts („Kochrezepten") wird der Einsatz in verschiedenen Lern- und Arbeitssituationen exemplarisch durchgeführt.

Jeweils im Anschluss finden Sie die für diese Einsatzmöglichkeit typischen Probleme und deren Lösungsmöglichkeiten. Als Abschluss werden mögliche Variationen angesprochen.

4.1 Brainstorming

Chaos und Ordnung – alles zu seiner Zeit: In einem Experiment sperrte der Soziologe Dirk Baecker einige Bienen in eine leere Flasche und einige Fliegen in eine andere. Beide Flaschen legte er waagerecht auf einen Tisch, den unverschlossenen Flaschenhals vom Licht abgewandt.

Die Bienen untersuchten mit größter Sorgfalt und irritationsfestem Eifer jeden Mikromillimeter des Flaschenbodens, um ins Freie zu gelangen – so lange, bis sie vor Erschöpfung starben. Die Fliegen hingegen schwirrten wild hin- und her, bis sie aus der Öffnung entwichen. Die Bienen starben, die Fliegen überlebten.

Spannen wir einen Bogen vom Experiment zur Situation in heutigen Unternehmen: Es wird sich kaum ein Manager finden, der seine Firma mit einem Fliegenschwarm vergleichen wollte. Bienen, ja die sind fleißig, organisiert, planvoll.

Und tot. Tot, obwohl sie effizient kommunizieren, obwohl sie sich zielorientiert verhalten, obwohl sie strategisch vorgehen, obwohl sie all ihre Erfahrung in die Waagschale werfen. Oder gerade weil? Weil sie ihr Programm abspulen, weil sie die Ordnung lieben? (Quelle: Econy 01/98 S.109)

Auch beim Denken gibt es Flaschenhälse und festgefahrene Situationen. Die Kreativitätstechnik des Brainstormings hilft dabei, sich von alten, festgefahrenen Mustern zu lösen und neue Wege zu gehen.

In diesem Kapitel lernen Sie, wie Sie ...

- Ihre eigenen Ideen sammeln und strukturieren (individuelles Brainstorming)
- Ideen anderer mitvisualisieren und ordnen (Brainstorming in der Gruppe)

4.1.1 Individuelles Brainstorming

Kurzbeschreibung

Zunächst werden Ideen gesammelt und auf einzelne Kärtchen geschrieben. Anschließend werden die Kärtchen nach Themen geordnet und untereinander vernetzt.

Hauptfunktion

Brainstorming ist ein Prozess, bei dem zunächst möglichst frei, flexibel und „chaotisch" ein Gedankensturm entfacht wird. Damit Ideen nicht einfach davon geweht werden, müssen Sie festgehalten werden. Dabei können die kreativ beschrifteten Kärtchen selbst wiederum als „Assoziationszünder" neue Ideen auslösen.

Nachdem sich der Sturm gelegt hat, ist die Zeit zur Ordnung gekommen, denn ohne Ordnung macht es viel Mühe, den Überblick zu behalten. Concept Maps bieten Raum für Chaos und die anschließende Entwicklung neuer Strukturen.

Ablauf

(1) Vorbereiten: Legen Sie Schreibzeug und Farbstifte bereit, um beim Brainstorming den Kopf frei zu haben. Außerdem benötigen Sie leere Papier-Kärtchen (ca. Visitenkartengröße).

(2) Ideen finden und festhalten: Nutzen Sie das Thema (oder die Fragestellung) als Ausgangspunkt, indem Sie es auf das erste Kärtchen schreiben. Schreiben Sie dann alles auf, was Ihnen dazu einfällt. Dies gilt auch für zunächst Abwegiges, später stellt sich oft heraus, dass es gar nicht so abwegig war. Halten Sie Ihre Einfälle fest. Dabei gilt: pro Kärtchen ein Gedanke. Notieren Sie Stichworte oder skizzieren Sie Bilder. Lassen Sie sich dabei nicht durch Formulierungs- oder Ordnungsprobleme einschränken. Wenn Ihnen die Ideen ausgehen, holen Sie sich Anregung indem Sie andere Menschen oder Informationsquellen – falls verfügbar - zu Rate ziehen.

> **Das Internet als Inspirationsquelle:** Eine ungewöhnliche Möglichkeit, sich weitere Inspirationen zu verschaffen, bietet das Internet. Geben Sie dazu Ihr Thema oder einige Ihrer Hauptideen in eine Suchmaschine ein. Die Suchmaschine liefert so Anregungen oder Vertiefungsmöglichkeiten. Besonders zu empfehlen sind Concept Map-ähnliche Suchmaschinen z. B. http://www.thebrain.com und http://wortschatz.uni-leipzig.de.

Das Ergebnis eines Brainstormings zum Thema „Vortragstipps: Wie gestalte ich einen guten Vortag" könnte beispielsweise aussehen wie in Abb. 23.

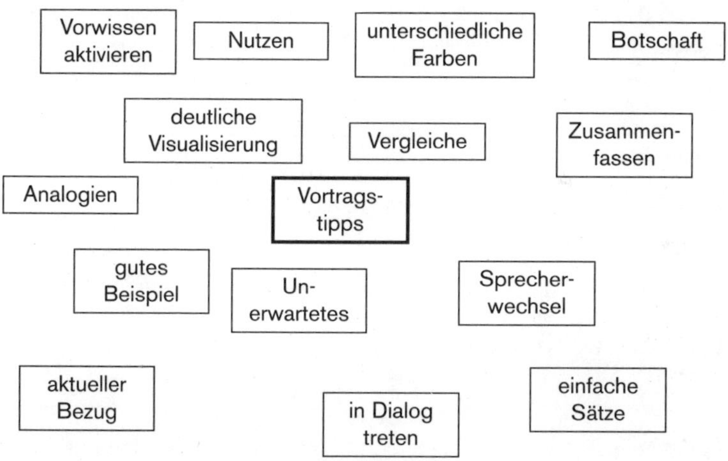

Abb. 23: Brainstorming zum Thema „Vortragstipps: Wie gestalte ich einen guten Vortrag?"

(3) Überarbeiten und Ordnen: Präzisieren und systematisieren Sie im Folgenden Ihre Ideen, um einen Überblick zu gewinnen.

- Bringen Sie längere Sätze oder vage Ideen auf den Punkt. Finden Sie für jede Idee ein passendes Schlüsselwort, Bild oder Symbol. Dazu müssen evtl. einige Kärtchen neu geschrieben werden.

- Ordnen Sie anschließend Ihre Ideen, indem sie inhaltliche Ähnlichkeit durch räumliche Nähe darstellen. Fassen Sie wenn möglich einzelne Kärtchen zu Kategorien (neues Kärtchen) zusammen.
- Besonders wichtige Konzepte können Sie zum Beispiel durch Farben hervorheben.
- Vielleicht fallen Ihnen beim Ordnen weitere Ideen ein, die Sie dann auf eigene Kärtchen schreiben und hinzufügen können.
- Falls Zusammenhänge dargestellt werden sollen, zeichnen Sie Verbindungslinien ein und beschriften Sie diese.
- Der Vernetzungsgrad einzelner Kärtchen kann Hinweise auf die Wichtigkeit (hoch = Schwerpunkt) einzelner Kärtchen geben. Auch Lücken können so graphisch entdeckt und bei Bedarf durch ein weiteres Brainstorming bzw. zusätzliche Informationssuche geschlossen werden.

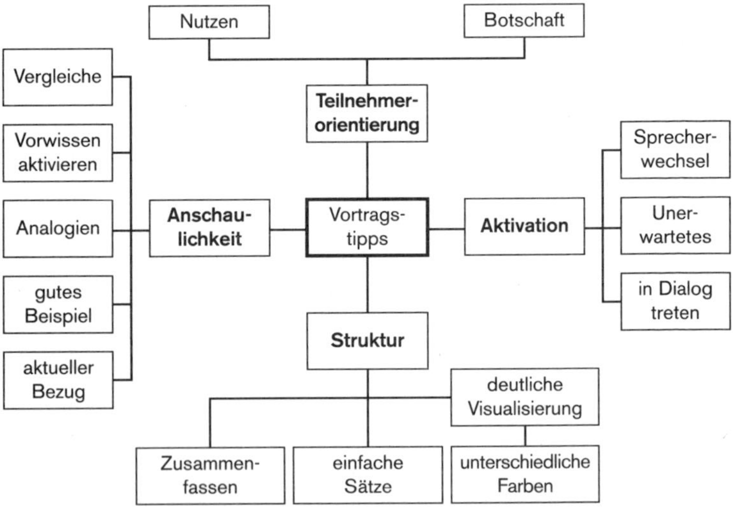

Abb. 24: Geordnete Ideen zum Thema „Vortragstipps: Wie gestalte ich einen guten Vortrag?“

In unserem Beispiel ergaben sich vier wichtige Kategorien: Teilnehmerorientierung, Anschaulichkeit, Aktivation und Struktur (Abb. 24).

(4) Umsetzen: Je nach dem Zweck Ihres Brainstormings könnte es hier darum gehen, die Ideen in konkrete Handlungen umzusetzen.

- Wählen Sie zwei bis drei herausfordernde, jedoch erreichbare Ziele aus.
- Bilden Sie daraus möglichst konkrete Vorsätze, d. h. was, wollen Sie wann, wie durchführen.
- Berücksichtigen Sie dabei auch zum einen mögliche Schwierigkeiten und zum anderen Unterstützungsmöglichkeiten.

Beispielsweise könnten Sie sich vornehmen, am Ende Ihres nächsten Vortrags eine kurze Zusammenfassung über das Gesagte zu geben. Nicht selten verzettelt man sich während des Vortrags und am Ende reicht die Zeit dann nicht mehr aus. Um dies zu vermeiden, könnten Sie zum Beispiel einen Vertrauten bitten, Ihnen ein unauffälliges Zeichen zu geben, wenn die letzten 10 Minuten anbrechen.

Typische Probleme und deren Lösungsmöglichkeiten

Die Suche nach dem passenden Schlüsselwort unterbricht den kreativen Gedankenstrom.

Schreiben Sie die Stichwörter so auf, wie sie Ihnen in den Sinn kommen. Bessere Formulierungen können später gesucht werden.

4.1.2 Brainstorming in der Gruppe

Kurzbeschreibung

Brainstorming in der Gruppe mit Hilfe von Mind Mapping ist eine Variante des Brainstormings die häufig in Seminaren Anwendung findet. Die Teilnehmer sammeln gemeinsam Ideen und rufen diese einem Schreiber zu, der sie sichtbar in Form einer Mind Map notiert.

Hauptfunktion

Ziel dieser Methode ist das Sammeln von Ideen zu einer konkreten Fragestellung. Im Gegensatz zu anderen Moderationstechniken (z. B. Kartenabfrage), bei denen jeder einzeln an einer bestimmten Fragestellung tüftelt, werden die Ideen der Teilnehmer für alle sichtbar angeschrieben. Dadurch können sich die Teilnehmer mit ihren Einfällen gegenseitig anregen und zur Weiterentwicklung der Ideen beitragen. Mind Maps bieten dazu in angemessener Weise Flexibilität und Struktur. Darüber hinaus werden unnötige Mehrfachnennungen vermieden. Außerdem kann dieses Vorgehen auch der Schaffung eines Problembewusstseins auf Seiten der Teilnehmer dienen. Dieses stellt eine wichtige Voraussetzung für die Veränderungsbereitschaft der Teilnehmer dar.

Ablauf

Bevor Sie Mind Mapping auf Zuruf einsetzen, sollten Sie klären, ob Bedarf zur Anonymität besteht, das Thema sehr konfliktgeladen ist oder Mehrfachnennungen von Bedeutung sind (wie viele nennen das gleiche Problem). Ist dies der Fall, sollten Sie von Mind Mapping auf Zuruf absehen. In solchen Fällen ist eine klassische Kartenabfrage geeigneter, bei der die einzelnen Beiträge der Teilnehmer anonym gesammelt und anschließend an eine Pinnwand geheftet werden.

(1) Vorbereitung: Stellen Sie eine mit Packpapier bespannte Pinwand oder Tafel für alle gut sichtbar bereit.

(2) Thematische Einführung: Führen Sie oder ein kompetenter Teilnehmer inhaltlich in die Thematik ein und visualisieren Sie das Thema in der Mitte des Flipcharts bzw. der Tafel.

(3) Methodische Einführung: Geben Sie eine kurze Einführung in die Technik des Mind Mappings. Dies erleichtert die Konzentration der Teilnehmer auf die Inhalte (Siehe Kapitel 2.1.1: „So erstellen Sie eine Mind Map“).

(4) Spielregeln: Erklären Sie die wichtigsten Spielregeln:
- Keine Diskussion während der Sammelphase
- Zuruf der Ideen ohne langwierige Wortmeldungen

(5) Pause: Lassen Sie den Teilnehmern Zeit zum Nachdenken, bevor Sie den „Startschuss" geben.

(6) Einordnen: Fordern Sie die Gruppe auf, sich zu dem Themenkomplex in Form spontaner Einwürfe zu äußern. Ordnen Sie die Zurufe in die Mind Map ein. Lassen Sie sich dabei helfen: Erklären Sie den Teilnehmern, dass mit den Zurufen auch die Einordnung des Gedankens in die Mind Map angegeben werden soll: „... als neuer Hauptast ..." oder „zum Ast XY gehört ..."

(7) Nachfragen: Wenn der Ideenstrom nachlässt, fragen Sie zu einzelnen Punkten gezielt nach: z. B. „gibt es zu diesem Hauptast noch Ideen?", „Haben wir zu diesem Punkt noch wichtige Aspekte außer Acht gelassen?".

(8) Klären: Wenn wirklich keine Ideen mehr kommen, leiten Sie in die Abschlussphase über, in der diejenigen Zurufe geklärt werden, die nicht allen Teilnehmern klar sind („Wissen alle, was mit XY gemeint ist?")

(9) Weiterarbeit: Die Weiterarbeit orientiert sich am jeweiligen Verwendungszweck:

- Auswahl einzelner Ideen: Mit Hilfe von Klebepunkten kennzeichnen die Teilnehmer die Beiträge, an denen sie weiterarbeiten wollen. Nummerieren Sie die Beiträge vorher durch und bitten die Teilnehmer, noch am Platz die Zahlen der gewählten Ideen auf dem Klebepunkt zu vermerken. Dies wirkt zum einen dem Gruppenzwang entgegen, zum anderen verhindert es das so genannte „strategische Punkten" (Der Teilnehmer wartet so lange, bis alle anderen gepunktet haben, um dann selbst den Ausschlag zu geben). Es sollte auch klar sein, ob Mehrfachnennungen erlaubt sind (wenn ja, wie viele Punkte pro Variante?)
- Kleingruppenbildung: Die Teilnehmer kennzeichnen das Thema, das sie in einer Kleingruppe vertiefen wollen, mit ihrem Namen.

Moderations-Grundregeln: Moderieren erfordert eine hohe Sensibilität für die Teilnehmer. Nicht selten fühlen sich Teilnehmer unzureichend beachtet, weil man zum Beispiel vergessen hat, ihren Beitrag aufzunehmen. Folgende Regeln sollen Ihnen helfen unliebsame Situationen zu vermeiden:

- **Originalton anschreiben:** Schreiben Sie keine Umformulierungen an. Ist der Beitrag zu lang oder ungenau, so bitten Sie den Impulsgeber um einen prägnanten Formulierungsvorschlag („Wie lässt sich das in einem Wort sagen?").
- **Geduld:** Haben Sie Geduld. Sowohl am Anfang, wenn die Ideen nicht gleich los sprudeln, als auch am Ende, wenn die Zurufe spärlicher werden. Häufig kommen die besten Ideen zum Schluss.
- **Nicht werten:** Als Moderator sollten Sie auf keinen Fall Beiträge verbal oder nonverbal werten. Beachten Sie: Auch positive Bewertungen einzelner Äußerungen sind eine negative Bewertung der anderen Beiträge (z. B. „Ja, das ist ein sehr wichtiger Punkt", d. h. die anderen sind weniger – oder gar nicht – wichtig).
- **Alle Ideen aufnehmen:** Schreiber bzw. Moderator zensieren nicht. Auch alle witzigen, kritischen oder problematischen Zurufe werden notiert.

Varianten

Andere Visualisierungsformen: Anstatt die Zurufe gleich „fest" auf das Flipchart zu schreiben, können die Ideen auch auf Kärtchen geschrieben oder ein elektronisches Mapping-Programm (mit Beamer) verwendet werden, um ein nachträgliches Umsortieren zu ermöglichen.

Vorstrukturierte Mind Map: Manchmal ist es ratsam, die Thematik genauer vorzustrukturieren, d. h. die Mind Map erhält am Anfang bereits die meisten Hauptäste und einige Verzweigungen. Der Gedankenfluss kann damit gezielt auf die noch offenen Detailfragen gelenkt werden.

Paradoxe Fragestellung: Bisweilen kann es sinnvoll sein, die Fragestellung umzukehren. Geht es z. B. darum, die Zusammenarbeit zwischen zwei Abteilungen zu verbessern, könnte die Frage lauten: „Was müssten Sie tun, damit sich die Situation noch verschlechtert?". Antworten auf diese Frage geben Aufschluss über mögliche Änderungspotenziale. Häufig werden dabei Probleme angesprochen, die in abgeschwächter Form tatsächlich vorliegen.

Typische Probleme und deren Lösungsmöglichkeiten

- Während der Sammelphase bestehen unterschiedliche Meinungen bezüglich der Einordnung eines Zurufs.

  Um den „Kreativitätsstrom" nicht zu unterbrechen, sollten während der Sammelphase Diskussionen vermieden werden. Es gilt die Regel: der Zurufer bestimmt die Position in der Mind Map. Verweisen Sie auf die Möglichkeit später über unterschiedliche Sichtweisen zu diskutieren und die Mind Map neu zu strukturieren.

- Bei zu großen Gruppen verliert man als Moderator leicht den Überblick.

  Rollenaufteilung: Bitten Sie Ihren Co-Moderator (falls vorhanden) oder einen Teilnehmer, das Anschreiben für Sie zu übernehmen. So können Sie sich ganz auf die Rolle des Moderators konzentrieren, den Gruppenprozess steuern, die Zurufe aufnehmen und darauf achten, dass nichts verloren geht.

- Der Platz reicht nicht aus.

  Wenn Sie erst bei „Überfüllung" nach einer Pinwand suchen, unterbrechen Sie den Gedankenstrom der Teilnehmer. Stellen Sie deshalb grundsätzlich sicher, dass Sie eine Ersatzschreibfläche zur Verfügung haben.

- Wichtige Punkte fehlen in der Mind Map.

  Moderator ist nicht gleich Trainer: Hier kommt es auf Ihre Funktion an. Moderieren Sie beispielsweise einen Problemlösungsworkshop, dann sollten Sie als Moderator Zurückhaltung üben. Nur in seltenen Fällen, kann es angebracht sein, mit kurzen Impulsen etwas zu lenken (z. B. „An den Vertrieb haben wir ja noch überhaupt nicht gedacht."). Häufig werden jedoch Moderationstechniken auch in Schulungen und Trainings eingesetzt. Aus der Rolle des Trainers heraus sind ergänzende Sichtweisen durchaus sinnvoll. Schließlich haben Sie als Trainer einen Lehrauftrag zu erfüllen. Allgemein gilt die Faustregel: Als Moderator kaum – als Trainer mehr lenken.

Beispiel: In einem Seminar ging es um das Thema Lehrgespräch. Gemeinsam mit den Teilnehmern wurden Ideen gesammelt, wie man während eines Lehrgesprächs die Seminarteilnehmer zum Sprechen bringt bzw. sie am Sprechen hält (siehe Abb. 25).

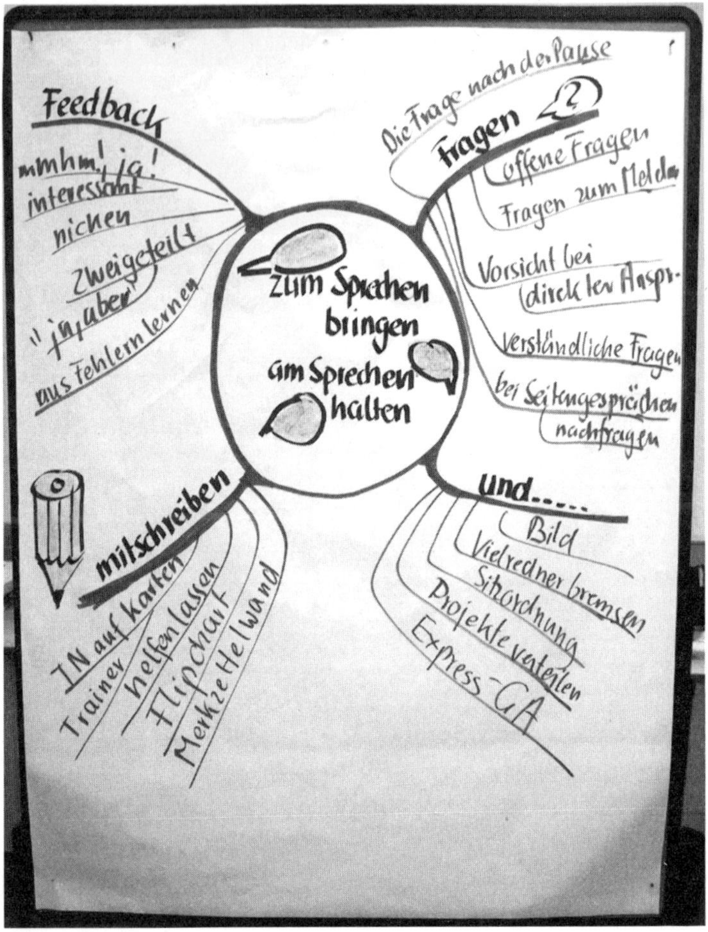

Abb. 25: Ergebnis eines Brainstormings zum Thema „Zum Sprechen bringen, am Sprechen halten“

4.2 Zusammenfassen

Der Großteil des Lernens im Erwachsenenalter findet durch das Lesen von Texten statt. Kein Problem – sollte man meinen.

Schließlich lernen wir seit der Schulzeit aus Texten. In unseren Seminaren beobachten wir jedoch immer wieder, dass Teilnehmer seitenlange Zusammenfassungen schreiben, die eigentlich ihrerseits noch einmal gekürzt werden müssten, um den Namen zu rechtfertigen. Die Reduktion auf das Wesentliche stellt dabei ein Problem für viele Teilnehmer dar. Concept Mapping hilft, genau diesen Prozess der Reduktion auf die zentralen Aussagen zu fördern. Wie dies funktioniert, erfahren Sie im Kapitel „Texte zusammenfassen".

Neben dem Lernen aus Texten erfolgt die Wissensvermittlung häufig in Form von Vorträgen. Dabei ist es ein altes Dilemma: Wer in Vorträgen zu viel mitschreibt, verliert den Anschluss und kann der Rede nicht mehr folgen. Wer hingegen gar nichts mitnotiert, läuft Gefahr, nach kurzer Zeit alles vergessen zu haben. Die Inhalte sind wie weggeblasen. Mind Maps bieten eine Lösung dieses Problems. Im Kapitel „Vorträge mitschreiben" lernen Sie, wie Sie mit Hilfe von Mind Maps die wesentlichen Punkte eines Vortrags mitvisualisieren ohne den Anschluss zu verlieren.

4.2.1 Texte zusammenfassen

Kurzbeschreibung

Mit Hilfe von Concept Maps ziehen Sie aus Texten die wichtigsten Informationen heraus. Indem Sie mehrere Texte integrieren und Ihre eigenen Beispiele, Anwendungen und Ihr Vorwissen zum Thema ergänzen, erweitern Sie Ihre Concept Map und gewinnen so nach und nach einen Überblick über das Themengebiet Ihres Interesses.

Hauptfunktion

Bücher und Artikel sind linear aufgebaut, d. h. der Stoff wird der Reihe nach präsentiert - auf jeder Seite von links oben nach rechts unten. Dadurch verliert man leicht den Überblick und vergisst, dass das gerade Gelesene in Beziehung zu bereits behandelten Themen steht. Dies gilt in besonderem Maße dann, wenn Sie ein bestimmtes Thema aufarbeiten wollen und mehrere Bücher und Artikel durcharbeiten müssen.

Durch die nicht-lineare Struktur einer Concept Map wird das **Erkennen von Zusammenhängen** erleichtert. Indem Sie sich auf wenige Schlüsselwörter konzentrieren und die zugrunde liegende Struktur und Logik eines Textes herausarbeiten, verarbeiten Sie den Stoff tiefer und können ihn sich somit **besser einprägen**. Gleichzeitig überprüfen Sie Ihr eigenes **Verständnis** und erkennen, wo Ihr Wissen noch Lücken aufweist. Darüber hinaus verbessern Sie Ihre Kompetenz, aus Texten zu lernen, indem Sie, unterstützt durch ein Gerüst von Fragen, einen immer besseren Blick für die Struktur eines Textes gewinnen.

Ablauf

Betrachten Sie den folgenden Ablauf als Anregung. Nicht immer erscheint es sinnvoll, alle Punkte gleichermaßen zu berücksichtigen. Entwickeln Sie einen spielerischen Umgang damit. Im Laufe der Zeit werden Sie Ihren eigenen Weg finden und erkennen, welche der Punkte für Sie nützlich sind.

Das Vorgehen gliedert sich dabei in die Schritte Vorbereiten, Ausarbeiten Vertiefen und Überprüfen.

Vorbereiten

Bevor Sie mit dem Zeichnen Ihrer Concept Map beginnen, sollten Sie sich einen Überblick über das Thema verschaffen und sich über Ihre Fragestellungen klar werden. Dies dient Ihnen anschließend beim Lesen als Gerüst, anhand dessen Sie den Text durcharbeiten. Gehen Sie dabei nach folgenden Schritten vor:

(1) Überfliegen: Verschaffen Sie sich durch Lesen des Klappentextes sowie des Inhaltsverzeichnisses einen ersten Überblick

(2) Brainstorming: Aktivieren Sie ihr Vorwissen. Was wissen Sie bereits über den interessierenden Themenbereich? Notieren Sie die Punkte evtl. in Form einer kurzen Mind Map (siehe Kapitel 4.1.1: „Individuelles Brainstorming").

(3) Thema definieren: Definieren Sie Ihr Thema. Unter welchem Gesichtspunkt wollen Sie den Text lesen? Eine Hilfestellung kann dabei der Titel des Textes sein. Schreiben Sie das Thema in einen Knoten.

(4) Darstellungsform wählen: Wählen Sie eine geeignete Darstellungsform. Dabei ist zum Beispiel entscheidend: Wollen Sie Abläufe darstellen oder einen Vergleich anstellen? (siehe Kapitel 3: „Darstellungsstrukturen“)

(5) Erste Schlüsselwörter finden: Finden Sie die wichtigsten Schlüsselwörter. Häufig ist es sinnvoll anhand von Inhaltsverzeichnissen, Überschriften, Hervorhebungen im Text sowie eigenen Fragestellungen und Zielen bereits vor dem Lesen erste Kategorien zu bilden. Schreiben Sie diese in jeweils neue Knoten und beschriften Sie die Relationen der Begriffe untereinander.

Ausarbeiten

(6) Text lesen: Lesen Sie nun den Text und ergänzen Sie die Concept Map. Gehen Sie dabei wie in Kapitel 2.2.3: „So erstellen Sie eine Concept Map“ beschrieben vor. Markieren Sie wichtige Textpassagen, machen Sie Randbemerkungen und verwenden Sie Ihre eigenen Symbole. Versuchen Sie beim Lesen Ihre eigenen Fragestellungen zu beantworten.

Vertiefen

Häufig wird übersehen, dass es nicht nur darum geht, die Gedanken eines Autors zu kopieren. Vielmehr sollte das vorrangige Ziel sein, Zusammenhänge zwischen dem Gelernten, dem eigenen Wissen, dem persönlichen Verständnis und den individuellen Zielen herzustellen und in den stillen Dialog mit dem Autor zu treten. Wenn es Ihnen wichtig erscheint, eigene Anmerkungen und Ideen von denen des Autors zu trennen, können Sie dies kennzeichnen, indem Sie zum Beispiel unterschiedliche Farben verwenden. Erweitern Sie nun Ihre Concept Map durch folgende Schritte:

(7) Anknüpfen an Vorwissen: Versuchen Sie Bezüge und Anknüpfungspunkte zu anderen Methoden, Theorien, Befunden und Ihren Alltagserfahrungen herzustellen.

(8) Beispiele: Suchen Sie nach Beispielen, die das Gelernte illustrieren, bestätigen, oder ihm widersprechen.

(9) Anwendung/Umsetzung: Überlegen Sie sich, wie sich das Gelesene in der Praxis umsetzen ließe.

Überprüfen

Dieser Schritt hilft Ihnen dabei, gezielt nach weiterführender Literatur zu suchen, die Ihre noch unbeantworteten Fragen beantwortet.

(10) Überprüfen: Überprüfen Sie Ihre Concept Map.

- Was ist das Wesentliche, was eher nebensächlich (eventuell löschen oder durch Hervorhebungen, Farben oder räumliche Anordnung kennzeichnen).
- Was haben Sie noch nicht ganz verstanden?
- Welche Ihrer Fragen konnten durch den Text noch nicht beantwortet werden?
- Welche weiterführenden Fragen wirft das Gelernte auf?

Varianten

Zusammenfassen mehrerer Texte: Wollen Sie mehrere Texte zu einem Thema aufarbeiten, so bieten sich abhängig von Ihren Erfahrungen zwei unterschiedliche Varianten an:

- Wenn Sie sich erst seit kurzem mit der Technik des Concept Mappings beschäftigen, ist es sinnvoll, die Schritte aufzuteilen, d. h. Sie fertigen für jeden Text zunächst eine eigene Concept Map an. In einem zweiten Schritt können Sie dann eine weitere Map erstellen, in der Sie die einzelnen Texte integrieren.
- Ist Ihnen die Methode des Concept Mappings bereits vertraut oder haben Sie einen fundierten Überblick über das interessierende Thema, so legen Sie die Struktur vorher fest. Versuchen Sie anhand von Ihren eigenen Fragestellungen, Inhaltsverzeichnissen und Überschriften eine übergeordnete textunabhängige Struktur zu erarbeiten.

Typische Probleme und deren Lösungsmöglichkeiten

- Die Concept Map wird zu unübersichtlich: Eine Hautschwierigkeit beim Zusammenfassen von Texten besteht darin, sich auf die wesentlichen Aussagen des Autors zu beschränken. Nicht selten beobachten wir, dass Lernende sich in Details verlieren und den Blick für das Wesentliche verlieren. Gerade durch Concept Mapping wird man dazu angehalten, sich auf wenige wichtige Schlüsselbegriffe zu beschränken. Versuchen Sie deshalb zunächst Übersichtlichkeit herzustellen durch:

Reduktion: Das Prinzip der Reduktion auf das Wesentliche besteht in einem „evolutionären" Prozess in dem erst einmal vieles, was zunächst wichtig erscheint „gemappt" wird, jedoch nach und nach Unwichtigeres durch Wesentlicheres verdrängt wird (hier besonderer Vorteil von Computerunterstützung siehe Kapitel 5.1: „Handgemalt oder mit dem Computer"). Hierbei wechseln sich Umstrukturieren, Erweitern und Entfernen von Konzepten ab.

Strukturmerkmale: Durch Gestaltungsmöglichkeiten wie zum Beispiel Hervorhebungen, unterschiedlichen Schriftgrößen oder Strukturen können unterschiedliche Abstraktionsniveaus bzw. wichtigere von weniger wichtigen Elementen unterschieden werden (siehe Kapitel 2.1.2: „So gestalten Sie Ihre Mind Map übersichtlich").

- Wenn das Themengebiet sehr komplex ist, bietet sich folgende Möglichkeit an:

Unterschiedliche Abstraktionsebenen: Es können mehrere Concept Maps auf unterschiedlichen Abstraktionsebenen erstellt werden. Fertigen Sie dafür zunächst eine „Überblicksmap" an. Jedes beliebige Schlüsselwort kann dann zum Thema einer „Folgemap" werden.

Beim Lesen zusätzlicher Texte fällt es schwer, Neues in bereits bestehende Concept Maps zu integrieren: Siehe den Abschnitt „Varianten" auf S. 54.

4.2.2 Mitschreiben bei Seminaren und Vorträgen mit Mind Maps

Kurzbeschreibung

Beim Mitschreiben von Seminaren oder Vorträgen können Sie Mind Maps als eine alternative Technik zum herkömmlichen Mitschreiben und Zusammenfassen wichtiger Inhalte verwenden. Bereits vor dem Vortrag können Sie Ihr Vorwissen zum jeweiligen Thema aktivieren, während des Vortrags halten Sie zentrale Inhalte fest, die anschließend in der Nachbereitung weiter gefestigt werden. In allen diesen Phasen können Sie wichtige Informationen flexibel an unterschiedliche Äste anknüpfen.

Hauptfunktion

Beim Mitschreiben spielt zunächst vor allem das „Festhalten“ flüchtiger oder neuer Inhalte eine Rolle. Damit aus Information Wissen wird, muss die neue Information „eingeordnet“ und in Beziehung mit Vorwissen gesetzt werden. Unterstützen Sie diesen Prozess, indem Sie vor oder zu Beginn des Seminars (oder Vortrags) ein Gedanken-Gerüst entwickeln. Wie in den Beispielen Abb. 26 bis 28 illustriert, kann dieses Interpretations-Gerüst sowohl aus allgemeinen, strukturellen wie auch inhaltlichen Ästen bestehen.

Bei linearen Aufzeichnungen wird es schwierig, wenn zu bereits „abgehandelten“ Themen noch Inhalte hinzugefügt werden müssen (Platzprobleme). Mind Maps und Concept Maps haben dem gegenüber den Vorteil, dass an unterschiedlichen Stellen (Ästen) immer wieder etwas hinzugefügt werden kann.

> **Tipp:** Eine ähnliche Struktur bei Ihren Mitschreibe-Maps (z. B. offene Fragen immer oben links) beschleunigen beim späteren Wiederholen den „Finde-Prozess“.

Ablauf

(1) Bei der Vorbereitung aktivieren Sie Ihr Vorwissen und bereiten Ihr geistiges Arbeitswerkzeug vor:

- Zeichnen Sie das Thema des Vortrags in die Mitte.
- Wenn sie bereits inhaltliches Vorwissen zu dem Thema besitzen, können Sie bereits besonders wichtige Hauptäste einzeichnen. Haben Sie noch kein Vorwissen zu dem Thema oder sind sich unsicher welche Hauptäste wahrscheinlich vorkommen, so können Sie entweder eine sehr allgemeine Vortrags-Mind Map vorbereiten (siehe Interpretationsstruktur 1 in Abb. 26) oder eine Referentenspezifische (siehe Interpretationsstruktur 2 in Abb. 27).
- Der Hauptast „offene Fragen“ soll Sie dazu anregen, während des Vortrags aktiv mitzudenken und das Gehörte kritisch zu prüfen.

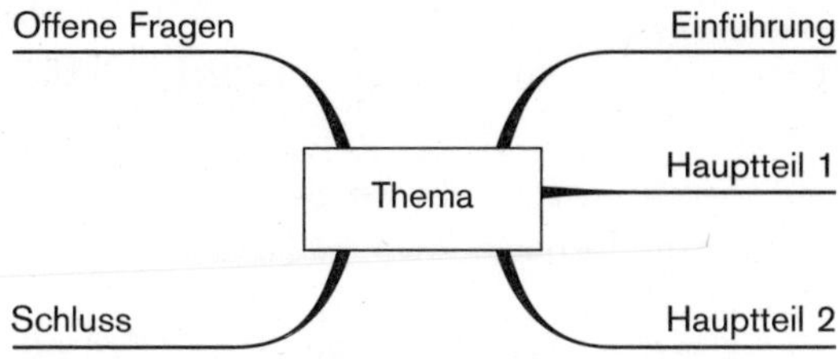

Abb. 26: Sehr allgemeines Schema

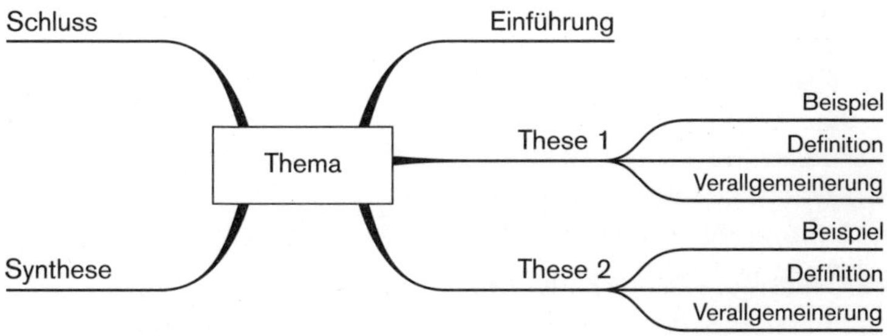

Abb. 27: Schema, das etwas Vorwissen über den Referenten und das Thema voraussetzt

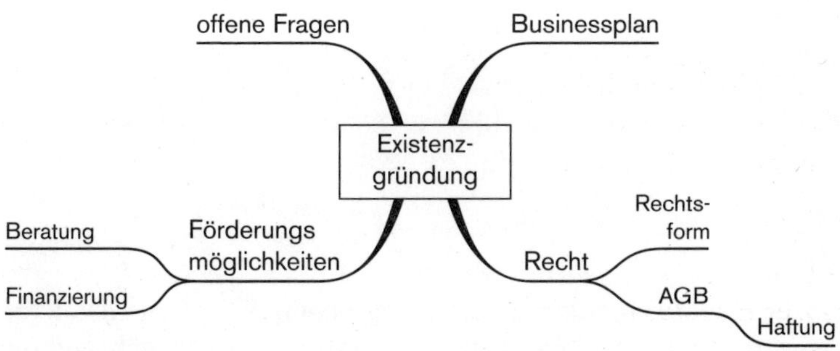

Abb. 28: Schema, das einiges Vorwissen über das Thema voraussetzt

- Gibt der Vortragende zu Beginn seines Referats einen Überblick über sein Thema, so kann das inhaltliche Gerüst auch erst zu Beginn von Phase 2 erstellt werden.

(2) Während des Vortrags können Sie die Hauptgedanken in Ihr Gerüst einordnen und je nach Bedarf neue Hauptäste hinzufügen.

- Schreiben Sie nur das Wichtigste mit, d. h. Anker oder Schlüsselwörter, die Ihnen anschließend eine Rekonstruktion der neuen oder besonders wichtigen Aspekte ermöglichen. Wenn Sie alles oder zuviel mitschreiben, gehen Sie in Information unter.
- Nutzen Sie Ihre freie Aufmerksamkeit um aktiv mitzudenken!
- Notieren Sie kritische Anmerkungen oder Unklarheiten bei dem Hauptast „offene Fragen"
- Folgen Sie keinen starren Regeln sondern improvisieren Sie: Ziehen Sie Querverbindungen, nutzen Sie eigene Symbole zur Abkürzung, Skizzieren Sie!

(3) Nachbereitung: Falls Ihre Map im „Eifer des Gefechts" sehr unübersichtlich wurde, können Sie diese nun überarbeiten und evtl. umstrukturieren. Gerade die Nachbereitung wird oft ausgelassen, dabei ist gerade dann die Zeit zur Überarbeitung und Festigung der Inhalte. Folgende Leitfragen kann man sich stellen, um den Lernerfolg zu sichern und den Transfer zu fördern:

- Was habe ich Neues gelernt?
- Wie hängt das neu Gelernte mit meinem Vorwissen zusammen?
- Was habe ich nicht genau verstanden?
- Wie könnte ich mit ein bis zwei prägnanten Sätzen den Inhalt wiedergeben (Take-Home-Message).

Varianten

Vorbereitung weglassen: Wenn man kaum Vorwissen hat, kann man natürlich auch die Mitschreibe-Map „online" während der Vorlesung entwickeln.

Unterthemen-Maps: Je nach Themenumfang und Ziel-Setzung kann es sinnvoll sein, nicht zum Vortrag als Ganzes, sondern zu einzelnen Unterthemen (themen-) spezifische Maps zu entwickeln.

Typische Probleme und deren Lösungsmöglichkeiten

- Alles geht zu schnell und Sie kommen mit Zuhören, Einordnen und Aufschreiben nicht hinterher.

  Versuchen Sie nur die zentralen Ideen aufzuschreiben. Falls das Einordnen in viele verschiedene Hauptäste (Kategorien) zunächst ungewohnt und schwierig ist, reduzieren Sie diese oder orientieren sich an einer eher chronologischen Struktur (z. B. Interpretationsstruktur 1 in Abb. 26). Mit etwas Übung wird Ihnen das Einordnen zunehmend leichter fallen.

4.3 Präsentieren und Moderieren

Präsentationen gehören heute zum Alltagsbild vieler Berufe: Konzeptideen werden vorgestellt, der Projektfortschritt wird präsentiert, die Ergebnisse einer Untersuchung werden dargestellt. Dabei ist es gar nicht so einfach, gute Präsentationen zu halten, die sich auf das Wesentliche beschränken.

Im Kapitel 4.3.1: „Vorträge planen und gestalten“ erfahren Sie, wie Sie Ihre vielfältigen Ideen ordnen, die wesentlichen Punkte herausfiltern, einen roten Faden für Ihren Vortrag finden und wie Mind Maps bzw. Concept Maps während des Vortrags zum Einsatz kommen.

Der zweite Teil von „Präsentieren und Moderieren“ beschäftigt sich mit der Gestaltung von Seminaren. Sie lernen eine interessante Möglichkeit kennen, wie Sie in Seminare einsteigen können (siehe Kapitel 4.3.2: „In Seminare einsteigen“) und wie Sie den großen Zusammenhang bei mehrtägigen Seminaren zwischen einzelnen Einheiten durch eine „wachsende“ Concept Map vermitteln (siehe Kapitel 4.3.3: „Den Überblick behalten: Die wachsende Concept Map“).

4.3.1 Vorträge planen und gestalten

Kurzbeschreibung

Mit Hilfe von Concept Maps planen und visualisieren Sie Ihre Präsentation und behalten dabei die Zusammenhänge Ihres Themas im Blick.

Hauptfunktion

Vielleicht fragen Sie sich, warum Sie Mappingtechniken bei Vorträgen einsetzen sollen. Beim Vortragen muss man doch zwangsläufig immer eins nach dem anderen sagen. Es handelt sich also um eine lineare Abfolge von Gedanken und Argumenten. Dennoch besteht jedes Thema meist aus vielen Aspekten – aus Über- und Unterpunkten, die untereinander Querverbindungen besitzen und damit vielmehr eine hierarchische und netzartige Struktur darstellen. Die Kunst der **Vortragsplanung** besteht nun gerade darin, ein komplexes und vernetztes Thema so in eine lineare Abfolge zu überführen, dass sich die einzelnen Argumente und „Punkte" wie Perlen auf einer Kette aneinanderfügen. Durch das Aufarbeiten Ihres Themas mit Hilfe von Concept Maps werden Beziehungen sichtbar und Sie erkennen, wo Schwerpunkte liegen. Dies erleichtert es Ihnen, den roten Faden zu finden und während der Präsentation Zusammenhänge aufzuzeigen. Concept Maps können darüber hinaus als **Redemanuskript** dienen.

Die Konzentration auf Schlüsselwörter erleichtert dabei ein freies Sprechen. Sie können flexibel auf Fragen eingehen und kleben nicht an Ihrem Manuskript. Während der Diskussion im Anschluss an Ihren Vortrag haben Sie durch die Concept Map Ihre gesamte Rede im Blick und können souverän auf Fragen antworten. Darüber hinaus können Concept Maps auch als **Visualisierungshilfe** für einen besseren Überblick zu Beginn und während des Vortags eingesetzt werden.

Vortragsplanung – Die vier großen „W"

Bevor Sie mit der Ausarbeitung Ihres Vortrags beginnen, sollten Sie sich die folgenden Fragen stellen:

- **„Was sind meine Ziele?“** Machen Sie sich klar, was Sie eigentlich mit Ihrem Vortrag erreichen wollen. Wollen Sie informieren, motivieren, überzeugen?
- **„Wer sind meine Zuhörer?“** Welches Vorwissen, welche Vorerfahrungen haben Ihre Zuhörer? Was wissen Sie über die Interessen, Ausbildung, Arbeitsfelder? Wie viele Zuhörer sind es und wie alt sind sie? Sind sie freiwillig hier?
- **„Wo liegt der Nutzen für die Zuhörer?“** Wenn die Zuhörer keinen persönlichen Nutzen in Ihrem Vortrag sehen, werden

sie nicht interessiert zuhören. Machen Sie sich deshalb klar, worin der konkrete Nutzen für Ihr Auditorium liegt. Können Ihre Zuhörer aufgrund Ihres Vortrags bessere Entscheidungen treffen, Fehler vermeiden oder Arbeitsschritte effektiver durchführen? Sprechen Sie den Nutzen immer wieder während Ihres Vortrags an. Am besten bereits gleich zu Beginn Ihres Vortrags!

- **„Wie sind die Rahmenbedingungen?"** Wie viel Zeit steht Ihnen zur Verfügung? Wie groß ist der Raum? Welche Ausstattung ist vorhanden? Ist Ihre Rede Teil einer Vortragsserie? Wurden genug Pausen eingeplant?

Ablaufplanung – Der rote Faden

Ein guter Vortrag besteht aus drei Teilen: Der Einführung, dem Hauptteil und dem Schluss. Die folgende Ausführung beginnt mit dem Hauptteil, da dieser sowohl die Einführung als auch den Schluss bestimmt.

Hauptteil

(1) Themenwahl: Die Klärung der vier großen W erleichtert es Ihnen, Ihre Themenauswahl auf Ihre Zuhörer und die konkrete Vortragssituation abzustimmen. Notieren Sie zunächst alle Inhalte, Themen und Unterthemen, die Sie vermitteln wollen, zum Beispiel auf Karteikarten, Klebezetteln oder mit Hilfe eines Computerprogramms. Kümmern Sie sich vorerst nicht zu sehr um eine Strukturierung. Wichtig ist, dass Sie Ihren Kopf frei haben für Gedankenblitze. Ferner sollten Sie Ihre Gedanken „auf den Punkt bringen" und stichwortartig (Schlüsselwörter) aufschreiben. Zeichnen Sie auch Metaphern, Beispiele, Analogien und Anwendungen auf, sofern Ihnen zu diesem Zeitpunkt bereits welche einfallen.

(2) Strukturierung und Schwerpunktsetzung: Beginnen Sie nun, Ihre Ideen zu strukturieren. Was ist ähnlich, was gehört zusammen, was ist besonders wichtig? Versuchen Sie inhaltliche Ähnlichkeit durch räumliche Nähe und Zusammenhänge durch Verbindungslinien darzustellen. Besonders wichtige Konzepte können hervorgehoben werden (z. B. durch Farben). Diese bilden die Themen des Hauptteils Ihres Vortrags. Sehen Sie diese Strukturierung auch gleichzeitig als kritisches Prüfen der Stoffsammlung. Unnötiges und Unwichtiges kann hier identifiziert und gelöscht werden.

(3) Gliederung: Nun gilt es die vernetzte Struktur der Concept Map in einen linearen Ablauf zu übersetzen. Die Beziehungen der wichtigsten Konzepte untereinander erleichtert dabei die Ausarbeitung einer logischen Struktur. Nummerieren Sie die Kernkonzepte ihrer Reihenfolge nach. Oft ist es sinnvoll, mit prägnanten Beispielen, typischen Erfahrungen oder eventuellen Befürchtungen der Zuhörer zu beginnen und erst dann die Fakten „nachzuschieben", um so die Relevanz für die Zuhörer herauszustellen. Schreiben Sie zu Ihrer eigenen Orientierung Zeiten an die Kernkonzepte. Vergessen Sie nicht Pufferzeiten einzuplanen. Eine so ausgearbeitete Concept Map kann Ihnen im Folgenden als Redemanuskript dienen.

Einführung

Der Einstieg erfüllt mehrere Funktionen. Versuchen Sie, durch Bezugnahme auf aktuelle Themen, der Erläuterung Ihrer Fragestellung oder auch durch provokante Thesen **Neugier zu wecken** und einen **Kontakt** zu Ihren Zuhörern **herzustellen**. Außerdem sollten Sie Ihren Zuhörern eine **Orientierung** über Ihren Vortrag geben. Bei komplexen Themen eignen sich hierfür Concept Maps. Dadurch wird den Teilnehmern ein Gedankengerüst zur Verankerung neuer Informationen bereitgestellt. Relevante Begriffe können erläutert und damit eingeführt werden; die Lücke zwischen dem, was bekannt ist, und dem, was gelernt werden soll, wird überbrückt.

Häufig werden Ihre Zuhörer bereits über Vorwissen und Erfahrungen zum Thema verfügen. Knüpfen Sie in Ihrem Vortrag daran an. Selbst wenn Ihre Zuhörer nicht über Fachwissen verfügen, so haben sie doch meistens Alltagswissen parat, das Sie aufgreifen, ergänzen, systematisieren und bei Bedarf korrigieren können. Je nach Thema und Vorwissensstand eignen sich dafür unterschiedliche Vorgehensweisen: (a) Anknüpfen an Vorerfahrungen oder (b) Vergleich mit bekannten Konzepten.

(a) Abfragen: Knüpfen Sie an die Erfahrungswelt der Teilnehmer an, indem Sie Vorerfahrungen zum Thema erfragen und anschließend in eine vorbereitete Concept Map einordnen. Bei einem Vortrag zum Thema Lernstrategien haben wir beispielsweise die Präsentation damit begonnen, dass wir die Teilnehmer gefragt haben, welche Lernstrategien sie bereits kennen bzw. selbst einsetzen. Diese haben wir auf Moderationskarten notiert (z. B. „Beispiele finden", „Gelerntes in eigenen Worten ausdrücken", etc.).

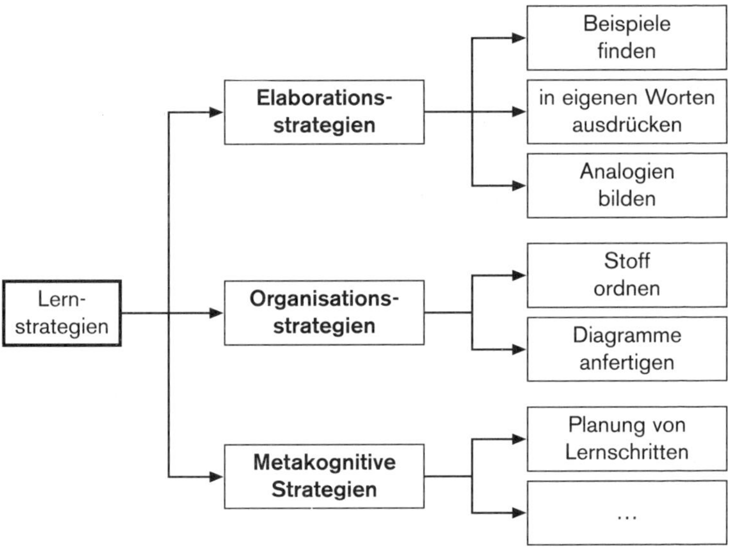

Abb. 29: Einordnung der Lernstrategienbeispiele in ein hierarchisches Schema

In einem zweiten Schritt haben wir dann ein formales Schema (Abb. 29) vorgestellt, in das wir die genannten Strategien durch Anpinnen der Moderationskarten (in Abb. 29 ganz rechts) eingeordnet haben. Durch dieses Vorgehen werden die entsprechenden Fachbegriffe eingeführt und anschaulich mit Beispielen und eigenen Erfahrungen verknüpft.

(b) Vergleichen: Manchmal bietet es sich an, das Thema mit anderen schon bekannten Themen zu vergleichen. Wenn Sie beispielsweise einen Vortrag über Qualitätszirkel halten und Ihre Teilnehmer bereits Erfahrungen mit Projektgruppen gemacht haben, können Sie in Ihrem Vortrag auf die Gemeinsamkeiten und Unterschiede der beiden Verfahren eingehen. Fertigen Sie dafür eine Concept Map auf Flipchart- oder Packpapier an und hängen Sie diese für alle sichtbar im Raum auf. Ein Beispiel dafür zeigt Abb. 30. Achten Sie darauf, die Map nicht zu überladen. Verweisen Sie während des Vortrags immer wieder auf die „Überblicks-Map" und ordnen Sie das Gesagte in diese ein.

Schluss

Der Schluss geht aufgrund von Zeitnot leider oft unter. Schade, denn gerade hier bietet sich die Chance, das Gesagte auf den Punkt zu bringen und so bei den Zuhörern zu „verankern". Kürzen Sie deshalb lieber an anderer Stelle! Greifen Sie Ihre Eingangsfragen noch einmal auf und heben Sie die wesentlichen Punkte Ihres Vortrags an Hand der „Überblicks-Map" hervor. Ziehen Sie ein Fazit, indem Sie eine prägnante Take-Home-Message für Ihre Zuhörer formulieren. Ausblick, Perspektiven oder Prognosen regen zur Diskussion im Anschluss an.

Typische Probleme und Lösungsmöglichkeiten

- Die Überblicks-Map wird zu unübersichtlich.

Konzentration auf das Wesentliche: Ein häufiger Fehler besteht darin, Concept Maps zu überladen. Die Folge: Der Zuhörer verbringt mehr Zeit mit dem Entschlüsseln Ihrer Map als damit, Ihrem Vortrag zu folgen. Leicht unterliegt man der Versuchung, selbsterklärende Maps zu gestalten um diese gleichzeitig als Handout verwenden zu können. Ein Phänomen, das man häufig auch bei Power Point Präsentationen sieht (hier wird dies sogar noch unterstützt durch die Funktion des Ausdruckens von Folien in Form von Handzetteln). Doch wozu bräuchte man Sie dann noch als Redner? Eine Präsentation soll Ihren Vortrag unterstützen und strukturieren und nicht Sie ersetzen. Konzentrieren Sie sich deshalb bei der Überblicks-Map auf die Kernkonzepte Ihres Vortrags.

Die Concept Map schrittweise aufbauen: Nicht alles muss von Anfang an sichtbar sein! So könnten zum Beispiel zu Beginn zunächst

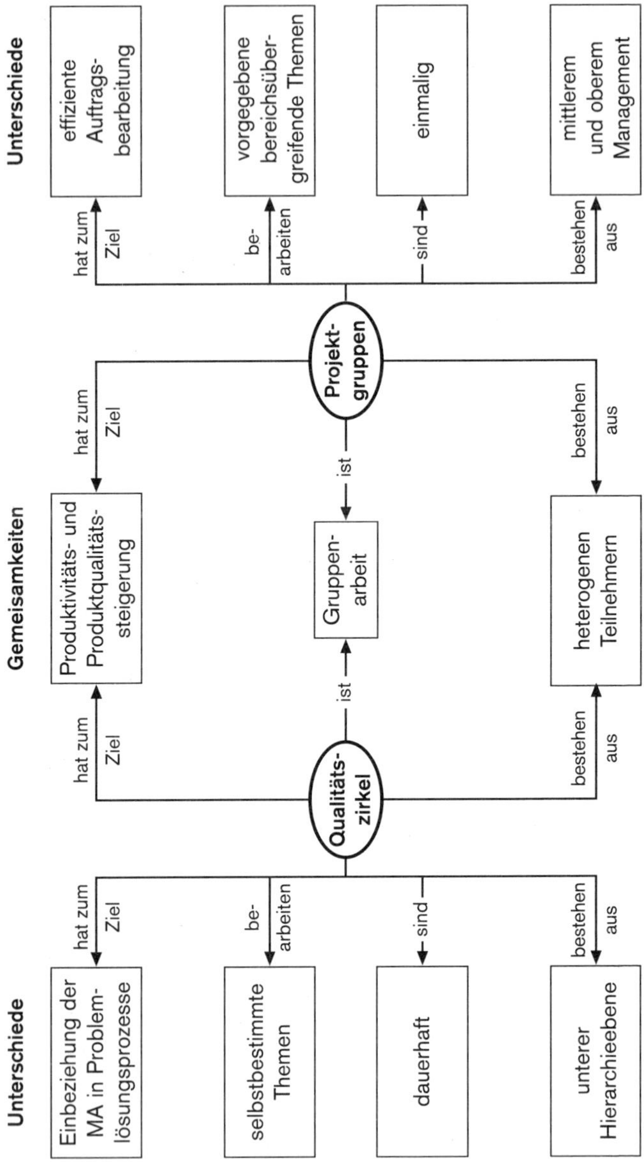

Abb. 30: Gegenüberstellung von Qualitätszirkeln und Projektgruppen

nur die Hauptpunkte sichtbar sein und Unterpunkte und Zusammenhänge erst im Laufe des Vortrags ergänzt werden. Wenn Sie eine Beamer-Präsentation halten, eignet sich das Computerprogramm MindManager® besonders gut, um eine Überblicks-Map schrittweise zu aufzubauen.

Hervorhebungen: Lenken Sie die Aufmerksamkeit der Teilnehmer auf wichtige Punkte, indem Sie während Ihres Vortrags zum richtigen Zeitpunkt wichtige Schlüsselwörter farbig hervorheben (Hinweis: Wenn Sie Flipchart oder Pinnwand verwenden, eignen sich hierfür hervorragend Blockwachsmalkreiden).

4.3.2 In Seminare einsteigen

Kurzbeschreibung

Die Teilnehmer eines Trainings bzw. Workshops fertigen eine Mind Map zu ihrer Person (Personen Mind Map) an. Dies stellt eine gute Variante zu herkömmlichen Kennenlernspielen dar.

Hauptfunktion

Mit dieser Methode wird angestrebt, dass die Teilnehmer und der Trainer sich untereinander besser kennen lernen. Besteht ein Training aus mehreren Modulen mit unterschiedlichen Trainern, so können sich die nachfolgenden Trainer anhand der Personen Mind Maps bereits vor dem Training einen ersten Eindruck von den Teilnehmern machen.

Ablauf

(1) Vorbereitung: Visualisieren Sie die Aufgabenstellung auf einem Flipchart (z. B. „Das will ich von mir preisgeben").

(2) Methodische Einführung: Geben Sie eine kurze methodische Einführung in die Technik des Mind Mappings:
- Namen in die Mitte
- Davon abgehend die Hauptäste (z. B. Hobbys, beruflicher Hintergrund, etc.)

(3) Teilnehmer fertigen Mind Map an.

(4) Präsentation der Ergebnisse im Plenum.

Varianten

Postervernissage: Eine Präsentation der Ergebnisse in aller Ausführlichkeit in der Gruppe ist nicht immer nötig (Ein paar Sätze sollte allerdings jeder zu seiner Personen Mind Map sagen dürfen). Hängen Sie stattdessen die Personen Mind Maps sichtbar im Gruppenraum auf. Während der Pausen kann man dann umherwandern und die Mind Maps in Ruhe betrachten. Diese Variation stellt eine Alternative zu herkömmlichen Kennenlernspielen dar, die meist gut ankommt.

Typische Probleme und deren Lösungsmöglichkeiten

- Oft wissen die Teilnehmen nicht so recht, welche Äste sie einzeichnen sollen, oder sie beschränken sich auf basale Äste, wie Beruf und Familienstand.

  Stellen Sie sich selbst mit einer Personen Mind Map vor, die ausgefallene Äste wie z. B. Hobbies, seminarthemenbezogene Kompetenzen oder auch Defizite enthält.

- Die Zuordnung der aufgehängten Personen Mind Maps zu den Personen gelingt bei vielen nicht.

  Fordern Sie Ihre Teilnehmer auf, ein Bild von sich mitzubringen oder machen Sie Polaroid-Fotos zu Beginn des Seminars. Diese werden dann zum Namen in die Mitte der Mind Map geklebt.

4.3.3 Den Überblick behalten: Die wachsende Concept Map

Kurzbeschreibung

Bei Seminaren oder Vorlesungsreihen mit mehreren Sitzungen sorgen Sie mit einer „wachsenden Concept Map“, die jede Sitzung durch Schlüsselbegriffe und Verbindungen zum neuen Thema erweitert wird, dafür, dass die Zusammenhänge zwischen den einzelnen Themenblöcken sichtbar werden.

Hauptfunktion

In Seminaren oder Vorlesungsreihen mit mehreren Sitzungen besteht die Gefahr, dass die Lernenden zwar die Einzelthemen der verschiedenen Sitzungen verstanden haben, das Gesamtbild aber verloren geht: Man konzentriert sich zu sehr auf die meist (mehr oder weniger) abgeschlossenen Themenbereiche der einzelnen Sitzungen und die „großen Zusammenhänge" geraten aus dem Blickfeld. Vielfach sind die übergreifenden Zusammenhänge für den Lehrenden, der ja Experte auf seinem Gebiet ist, auch ganz offensichtlich, so dass er keine größeren Anstrengungen unternimmt, ein Gesamtbild zu vermitteln. Für die Lernenden ist es jedoch oft sehr schwierig, sich neuen Stoff anzueignen und ihn auch gleich noch im Gesamt der Seminar- oder Vortragsreihe zu verorten.

Damit die Lernenden den Überblick behalten, verwenden Sie als Lehrender eine wachsende Concept Map. Diese wird in jeder Sitzung um die Schlüsselbegriffe zum neuen Lehrstoff ergänzt.

Damit die Concept Map nicht „explodiert“, dürfen für jede Sitzung nur die wirklich zentralen Punkte aufgenommen werden.

Diese Art von wachsender Concept Map erfüllt die folgenden Hauptfunktionen:

- Der Überblick über die Gesamtveranstaltung wird unterstützt.
- Die Vernetzung der Inhalte aus unterschiedlichen Sitzungen wird gefördert.
- Die Identifikation der Hauptpunkte wird erleichtert.

Ablauf

(1) Präsentieren und erklären Sie am Ende der ersten Sitzung eines Seminars oder einer Vorlesungsreihe eine Concept Map, die die wesentlichen Aspekte der Sitzung zusammenfasst. Kündigen Sie dabei an, dass diese Map in den folgenden Sitzungen fortlaufend ergänzt wird. Den Sinn der wachsenden Concept Map sollten Sie den Lernenden ebenfalls erläutern.

(2) Ergänzen: Präsentieren Sie nach einer zweiten Sitzung eine ergänzte Concept Map und erklären Sie diese.

(3) Wiederholen: Der unter (2) geschilderte Ablauf wiederholt sich jede Stunde, wobei bei späteren Sitzungen selbstverständlich nicht unbedingt jeweils die ganze Concept Map zu erklären ist, sondern vor allem auf die neuen Schlüsselbegriffe und Verbindungen eingegangen wird.

Varianten

Live-Ergänzung: Präsentieren Sie nicht die fertig ergänzte Concept Map, sondern erweitern Sie diese laut denkend vor den Lernenden. Dies wirkt lebendiger. Zugleich können Sie damit gut die Begründungen für die Aufnahme der einzelnen Schlüsselbegriffe und Verbindungen erläutern. Nach ersten „Vorführungen“ durch Sie als Lehrenden können die Lernenden bei der Ergänzung der Concept Map mit einbezogen werden. Wenn es die Kompetenz der Lernenden erlaubt, können Sie sich dann auf eine Moderatorrolle beschränken und die „eigentliche“ Arbeit der Gruppe der Lernenden überlassen.

Ergänzte Concept Map zu Beginn der Sitzungen: Die ergänzte Concept Map kann auch gleich zu Beginn der Sitzung präsentiert und erläutert werden. Damit erfolgt zugleich eine Rekapitulation und Zusammenfassung des bislang Behandelten und ein Ausblick auf das heute Kommende. Es klingt sehr verlockend, diese Variante zu wählen, da Zusammenfassung und Ausblick gleich eingeschlossen sind. Allerdings ist es wichtig, dass dann die neue eingeführten Schlüsselbegriffe und Verbindungen von den Lernenden auch ohne größere Erklärungen verstanden werden können. Ein Ausblick, der unbekannte Begriffe verwendet, erfüllt nicht die Funktion der Orientierung.

Nachbereitung durch Lernende: Anstatt die Concept Map am Ende der Seminareinheit zu erweitern, können dies die einzelnen Lernenden auch selbständig zur Nachbereitung der Sitzungen tun. Dies ist eine Lernstrategie, die dabei hilft, Ordnung in die Stofffülle zu bringen. Dafür sollten die Lernenden allerdings mit der Methode bereits vertraut sein. Es empfiehlt sich daher, dass Sie zunächst als Modell fungieren und selbst die Concept Map am Ende einer Sitzung erweitern. Lassen Sie sich dabei nach und nach immer mehr von der Gruppe der Lernenden helfen. Schließlich soll jeder Einzelnen die Concept Map für sich selbst ergänzen.

Typische Probleme und deren Lösungsmöglichkeiten

- Die wachsende Concept Map wird zu groß und unübersichtlich.

  Es sollten wirklich nur die zentralen Schlüsselbegriffe jeder Sitzung verwendet werden. Damit hält sich die Größe der Map in Grenzen.

- Wichtige Zusammenhänge können nicht aufgezeigt werden, da durch die Auswahl der allerwichtigsten Konzepte die Map zu grob ist.

  Unterschiedliche Abstraktionsebenen: Es können mehrere Concept Maps auf unterschiedlichen Abstraktionsebenen erstellt werden. Fertigen Sie dafür zunächst eine „Überblicks-Map" an. Jedes beliebige Schlüsselwort kann dann zum Thema einer „Folge-Map" werden.

4.4 In Gruppen arbeiten

Wenn wir Seminarleiter fragen, ob sie kooperative Lernformen in ihren Seminaren, Trainings bzw. Workshops einsetzen, so bestätigen dies fast alle. Gehen wir der Sache dann etwas genauer nach, so stellt sich häufig heraus, dass nicht so sehr kooperatives Lernen, sondern vielmehr kooperatives Problemlösen im Vordergrund steht: Die Teilnehmer sollen zu einer Problemstellung (z. B. „Wie können wir unsere internen Geschäftsprozesse optimieren?“) in Kleingruppen Lösungsvorschläge erarbeiten.

Beim **kooperativen Problemlösen** geht es also in erster Linie darum, ein Problem zu lösen. Hierbei ist es von nachgeordneter Bedeutung, inwieweit jedes Gruppenmitglied aus der Zusammenarbeit etwas gelernt hat. Das Ergebnis steht im Vordergrund (Ergebnisorientierung).

Kooperatives Lernen in Gruppen zielt dagegen darauf ab, dass jeder Einzelne in der Gruppe von der Zusammenarbeit profitiert und etwas dazulernt (Prozessorientierung). Die Qualität eines möglichen Produkts bzw. einer Problemlösung ist dabei zweitrangig.

> **Tipp:** Um Missverständnissen vorzubeugen – mit dieser Zweiteilung ist nicht gemeint, dass nicht auch eine Problemlöseaufgabe vorgeben werden kann, um Lernprozesse in Gang zu bringen. In diesem Fall steht aber wiederum der (Lern-)Prozess (z. B. das Erlernen von Problemlösefertigkeiten) und nicht das Ergebnis im Vordergrund.

Da sich die Hauptziele der beiden Arten von Gruppenarbeit unterscheiden, sind die Gestaltungsrichtlinien, die von zentraler Bedeutung sind, nicht identisch und werden deshalb in getrennten Kapiteln behandelt. Dennoch gibt es auch Gemeinsamkeiten, die im Folgenden behandelt werden.

4.4.1 Was es zu beachten gilt

Zielsetzung

Bei der Planung der Gruppenarbeit ist es bedeutsam, dass Sie sich darüber Klarheit verschaffen, was für eine Funktion die Kleingruppenarbeit im Gesamtkontext Ihres Seminars haben soll. Treffen Sie dazu zunächst die grundlegende Entscheidung, ob kooperatives Problemlösen oder kooperatives Lernen im Vordergrund stehen soll. Im zweiten Schritt können Sie dann die Zielsetzung weiter spezifizieren. Soll die Gruppenarbeit zum Beispiel dazu dienen, Vorerfahrungen der Lernenden zu aktivieren, neu Erlerntes zu vertiefen oder Inhalte aktiv zu erarbeiten? Eine klare Zielvorstellung ist deshalb so wichtig, weil die Entscheidung über die Ziele der Gruppenarbeit als wichtige Richtschnur für weitere Entscheidungen dient, zum Beispiel über die Art des Arbeitsauftrages oder der Gruppenzusammenstellung.

Der Arbeitsauftrag

Fragende Blicke, Getuschel an den Tischen und verwirrende Zusatzerklärungen sind häufige Reaktionen auf Arbeitsanweisungen, die die Teilnehmenden nicht mit genügend Informationen versorgen.

Denken Sie daran, dass Sie den Teilnehmenden gegenüber einen enormen Wissensvorsprung darüber haben, wie die Gruppenarbeit ablaufen soll und welches Ziel sie hat. Die Teilnehmenden können nicht Gedanken lesen, deshalb sind sehr präzise Arbeitsanweisungen ein wichtiger Aspekt gelungener Gruppenarbeit. Folgende Punkte sollten dabei beachtet werden:

- **Die Aufgabenstellung erklären und schriftlich festhalten:** Erklären Sie den Teilnehmern, was, in welcher Ausführung und Qualität er- bzw. bearbeitet werden soll. Damit die Teilnehmenden bei Unklarheiten die Aufgabenstellung nochmals lesen können, empfiehlt es sich, die Aufgabe auf einem Plakat oder einer Folie festzuhalten. Teilen Sie jeder Gruppe zusätzlich einen genauen Arbeitsauftrag aus.
- **Das Verständnis des Arbeitsauftrages sicherstellen:** Vergewissern Sie sich, ob den Teilnehmern die Aufgabe klar ist und ob sie noch weitere Informationen brauchen. Informieren Sie die Teilnehmer auch darüber, wo die Gruppenarbeit stattfinden soll, welches Material ihnen zur Verfügung steht und wo sie dieses finden.
- **Die Zeit vereinbaren und visualisieren:** Hier empfiehlt sich die Formulierung: „Wir machen um 10.30 Uhr weiter" anstatt: „Sie haben noch 30 Minuten Zeit", denn die Gruppen vergessen aufgrund der Informationsflut zu Beginn einer Gruppenarbeit meist, sich die Startzeit der Bearbeitung zu merken. Halten Sie auf Folie oder Plakat die vereinbarte Zeit für alle sichtbar fest. Finden die Gruppenarbeiten in unterschiedlichen Räumen statt, so fordern Sie Ihre Teilnehmer dazu auf, sich die Zeit zu notieren. Auch die den einzelnen Kleingruppen zur Verfügung stehende Zeit zur Präsentation ihrer Ergebnisse sollte den Teilnehmern von vornherein klar sein.

Zeitplanung

Für das Gelingen einer Gruppenarbeit ist eine sorgfältige Zeitplanung unerlässlich. Die benötigte Zeit hängt von vielen Faktoren ab, wie zum Beispiel von der Komplexität der Aufgabe oder der Art der Ergebnispräsentation. Für die Durchführung wird als Faustregel empfohlen, die Zeit eher knapp anzusetzen und das

Zeitlimit später in Übereinstimmungen mit den Bedürfnissen der einzelnen Gruppen zu korrigieren.

Optimal ist es, wenn die Zeitvereinbarung den Teilnehmenden überlassen wird. Dies ist dann möglich, wenn die Teilnehmenden die Anforderungen der Aufgabe realistisch abschätzen können. Wenn das der Fall ist, kann man die einzelnen Gruppen fragen, wie viel Zeit sie für die Bearbeitung benötigen. Wie bei einer Versteigerung bekommt dann die höchste Zeitangabe den Zuschlag. Diese Regelung hat nicht nur den Vorteil, dass die Teilnehmenden in ihrer Rolle als „professionelle Lernende" ernst genommen werden, sondern erleichtert auch die Einhaltung dieser Zeitvereinbarung, da sie von den Teilnehmenden selbst festgelegt wurde.

Ihre Rolle als Seminarleiter während der Gruppenarbeit

Durch Herumgehen, sich Einbringen oder auch nur Dazusitzen beeinflussen Sie die Dynamik des Gruppenprozesses. Es signalisiert Kontrollbedürfnis und eröffnet das Angebot an die Kleingruppen, Verantwortung abzugeben. Deshalb ist es besser, wenn Sie den Teilnehmern vorher mitteilen, dass Sie zwar am Platz bleiben, aber Sie jederzeit ansprechbar sind, wenn Sie gebraucht werden. Damit respektieren Sie die Autonomie des Teams und signalisieren „Ihr seid für euere Arbeit in der Gruppe selbst verantwortlich".

4.4.2 Kooperativ lernen

Warum kooperatives Lernen?

Die Frage beinhaltet zwei unterschiedliche Gesichtspunkte. Erstens: Worin liegen die Vorteile gegenüber anderen Lehr-Lernmethoden, wie beispielsweise dem Vortrag oder dem Unterrichtsgespräch und zweitens: Welches sind die Vorzüge gegenüber dem individuellen Lernen?

Bezüglich der ersten Frage verspricht man sich eine stärkere Aktivierung der Lernenden, was sich positiv auf den Lerneffekt auswirkt (vgl. Kap.1).

Um die zweite Frage zu beantworten, gilt es die Unterschiede herauszustellen und auf ihre Lernförderlichkeit hin zu überprüfen. Wie wir einleitend gesehen haben, ist Wissen keine Kopie der Wirklichkeit, sondern eine Konstruktion von Menschen. Für den Lernenden bedeutet dies, dass er aktiv Wissen aneignen und konstruieren muss. In Gruppen sind deshalb häufig unterschiedliche Sichtweisen vorhanden. Das Bemühen, diese in die eigene Erfahrungswelt zu integrieren, führt zu einem erweiterten und **tieferen Verständnis** des Themengebietes. Während der Gruppenarbeit versuchen die Lernenden ein gemeinsames Verständnis über einen Sachverhalt zu erlangen. Dabei muss das eigene Wissen artikuliert werden und wird somit den Fragen und der Kritik durch die Lernpartner zugänglich. Dadurch kann das eigene Verständnis überprüft, Wissenslücken erkannt und unlogisches Argumentieren aufgedeckt werden. Wie oft glauben wir, etwas verstanden zu haben und merken erst bei dem Versuch, unser Wissen einer anderen Person mitzuteilen, wie wenig wir ein Thema tatsächlich durchdrungen haben. Das Erkennen von Unzulänglichkeiten und das damit verbundene Infragestellen des eigenen Verständnisses ist Voraussetzung für eine **veränderte Sicht** bzw. Lernen.

Neben den auf den Lernerfolg bezogenen Zielen bestehen noch weitere positive Effekte von kooperativem Lernen: **Kooperationsfertigkeiten** fördern, **Lernen lernen**, sozialen Zusammenhalt innerhalb der Lerngruppe und damit auch die **Lernmotivation stärken**.

Kurzbeschreibung

In Kleingruppen erarbeiten die Teilnehmer ein bestimmtes Thema. Dafür erstellen Sie eine gemeinsame Concept Map, wodurch der Diskussionsprozess strukturiert wird. Die fertigen Concept Maps werden im Anschluss an die Gruppenarbeit im Plenum vorgestellt und diskutiert.

Hauptfunktion

Kooperative Lernmethoden haben zwar ein großes Potenzial, den Lernerfolg zu fördern, sie sind aber zugleich sehr diffizil und misslingen deshalb leicht. Es reicht also nicht aus, Lernende zusammenzubringen und dann zu hoffen, dass eine effektive Kooperation quasi von alleine entsteht. Vielmehr ist es notwendig, diesen Prozess gezielt zu fördern. Mappingverfahren eignen sich dafür aus folgenden Gründen in besonderem Maße:

- Zum einen fördern Mappingverfahren einen **effektiven aufgabenbezogenen Diskurs**, indem sie das gemeinsame Wissen sichtbar machen. Dadurch bleiben alle besprochenen Inhalte im Blick, gehen also nicht im Gespräch unter und die Teilnehmer verlieren sich nicht in Details, sondern fokussieren auf das Wesentliche. Darüber hinaus werden die Zusammenhänge sichtbar.
- Zum anderen können die erarbeiteten Maps am Ende im Plenum präsentiert werden und dabei noch bestehende **Misskonzepte** durch den Lehrenden erkannt und gezielt korrigiert werden (vgl. auch Kapitel 2.2.6: „So setzen Sie vorstrukturierte Concept Maps als Lehrmethode ein").

Ablauf

(1) Die Chancen der Aufgabe aufzeigen: Vermitteln Sie den Teilnehmern zum einen, warum sie diese Aufgabe mit der Methode der Gruppenarbeit bearbeiten (vgl. Abschnitt „Warum kooperatives Lernen"), zum anderen, warum sie dazu eine Map erstellen sollen (siehe Hauptfunktion). Betten Sie die Gruppenarbeit auch in den Gesamtkontext des Seminars ein, indem Sie verdeutlichen, wie mit den Ergebnissen weitergearbeitet werden soll.

(2) Die Aufgabenstellung erklären und schriftlich festhalten: Der Arbeitsauftrag hängt mit der Zielsetzung zusammen. Er könnte darin bestehen, zu Beginn der Seminareinheit eine (oder mehrere) auf das Stoffgebiet bezogene Frage (z. B. „Wie funktioniert die Börse?") in Kleingruppen zu beantworten, ein Themengebiet anhand von Textmaterial zu erarbeiten oder im Anschluss beispielsweise an ein Referat oder Video die Inhalte kritisch zu reflektieren und zusammenzufassen.

Erklären Sie den Teilnehmern, dass Sie dafür eine Concept Map erstellen sollen. Weisen Sie darauf hin, dass Sie dabei besonderen Wert auf die Beziehungen der einzelnen Elemente untereinander (z. B. „Senkung des Leitzins führt zu vermehrten Investitionen“) bzw. auf die Hierarchie legen sollen (z. B. Hierarchie nach Wichtigkeit: eine Zinssenkung in den USA ist wichtiger als Unternehmenszahlen der Telekom). Damit die Teilnehmenden bei Unklarheiten die Aufgabenstellung nochmals lesen können, empfiehlt es sich, die Aufgabe auf einem Plakat oder einer Folie festzuhalten.

(3) Das Verständnis des Arbeitsauftrages sicherstellen (Erläuterungen siehe S. 74)

(4) Die Zeit vereinbaren und visualisieren (Erläuterungen siehe S. 74)

(5) Gruppenbildung: Lassen Sie erst jetzt Gruppen bilden. Denn sobald die Teilnehmer in den Gruppen sind, hört niemand mehr zu. Bei der Gruppenbildung ist zu beachten, dass die Zusammensetzung der Gruppen einen wesentlichen Einfluss auf den Lerneffekt bzw. das Lernergebnis haben kann. Diese Beziehung wird in Tab. 1 dargestellt. Generell gilt, dass sich eine Gruppe aus maximal sechs, besser aber nur aus zwei bis vier Teilnehmern zusammensetzen sollte.

(6) Kleingruppenarbeit: Nun beginnt die Arbeit in den Kleingruppen. Während der Gruppenarbeit erstellen die Gruppenmitglieder eine gemeinsame Concept Map zu einem bestimmten Themengebiet (z. B. Börse, Elektrizität, etc.). Dabei sollten folgende Regeln beachtet werden, die Sie am besten auf der Tafel, einem Plakat oder Folie schriftlich festhalten:

Gruppen-zusammensetzung	Lernfokus
homogen (d. h. gleiches Vorwissen)	• Konsensfindung • Konzeptüberprüfung
heterogen (Experten vs. Anfänger)	• naive Annahmen überprüfen • Konzeptüberprüfung
heterogen (interdisziplinär)	• unterschiedliche Sichtweisen integrieren • Konzepterweiterung

Tab. 1: Beziehung zwischen Gruppenzusammensetzung und Lernfokus

(7) Berufung auf Autoritäten vermeiden: Häufig wird während einer Diskussion auf Autoritäten verwiesen (z. B. der Lehrer, Lehrbücher, etc.), ohne dass diese zu Rate gezogen werden könnten. Dadurch wird der lernförderliche Prozess des Aushandelns von unterschiedlichen Sichtweisen verhindert. Stattdessen wird eine Position ohne weitere Diskussion als gegeben angesehen.

- Bildung von „Allianzen" vermeiden: Den gleichen Effekt hat das Phänomen der „Allianzenbildung", d. h. mehrere Lernende, die der gleichen Meinung sind, schließen sich zusammen und überstimmen die Meinung einzelner, ohne sich auf einen tieferen Diskurs einzulassen.
- Begründungen und Argumente geben: Statt der beiden oben genannten Vorgehensweisen sollten Argumente und Begründungen für die eigene Position vorgetragen werden, um eine intensive inhaltliche Auseinandersetzung zu erreichen.

(8) Präsentation der Concept Maps im Plenum: Im Anschluss an die Gruppenarbeit werden die Concept Maps vorgestellt. Legen Sie dabei als Lehrender besonderen Wert auf die Verdeutlichung der Beziehungen der einzelnen Elemente untereinander.

Hinterfragen Sie die Concept Map. Lassen Sie sich Anwendungen und Beispiele zu den einzelnen Begriffen geben. Selbstverständlich ist es notwendig, dass Sie als Lehrender offensichtliche Misskonzepte korrigieren.

Varianten

Zuerst individuelle, dann gemeinsame Concept Map in der Gruppe erstellen: Manchmal ist es sinnvoll, die Teilnehmer zunächst eine eigene Concept Map erstellen zu lassen, bevor sie in der Gruppe eine gemeinschaftliche Concept Map erstellen. Dadurch werden die Teilnehmer nicht so leicht von einer vorherrschenden, rhetorisch brillant vertretenen Sichtweise mitgerissen. Das führt dazu, dass unterschiedliche Sichtweisen noch stärker zum Tragen und der Fokus der Zusammenarbeit stärker auf den Prozess der Konsensfindung und Integration gelenkt wird. Hierbei kann es sinnvoll sein, die Einzelarbeit vorzustrukturieren, d. h. wichtige Begriffe (z. B. Leitzins, Inflation) vorzugeben, die bei der Erstellung der Concept Map berücksichtigt werden sollen, aber um weitere ergänzt werden können (siehe Kapitel 2.2.6).

Vergleiche anstellen: Eine effektive Möglichkeit, neue Inhalte zu erarbeiten, besteht darin, sie mit bereits bekannten Modellen, Theorien oder Vorerfahrungen in Beziehung zu setzen, d. h. die Gemeinsamkeiten aber auch die Unterschiede heraus zu arbeiten (z. B. Vergleich der Grundannahmen des Buddhismus mit denen des Christentums). Dazu eignet sich besonders die Darstellungsform einer „Vergleichsmap" (vgl. Kapitel 3.5).

Pro und Kontra: Ziel dieser Methode ist es vor allem, die unterschiedlichen Aspekte eines Themas zu erschließen und damit zusammenhängend die Fähigkeit der Teilnehmenden zu entwickeln, sich in andere Argumente hinein zu versetzen. Teilen Sie dafür die Teilnehmer in zwei verschiedenen Gruppen ein, wobei eine Gruppe Vorteile, die andere Nachteile in Form einer Map sammelt und diese anschließend im Plenum diskutiert. Die Methode bietet sich besonders für Inhalte an, die spannungs- oder konfliktgeladen sind.

Typische Probleme und deren Lösungsmöglichkeiten

- Einzelne beteiligen sich nicht an der Gruppenarbeit

  Dem Phänomen, dass Einzelne „Trittbrettfahrer" spielen und einem oder auch mehreren Anderen der Gruppe die Arbeit überlassen, kann insbesondere durch die Verringerung der Gruppengröße entgegen gewirkt werden.

- Ablehnung der Gruppenarbeitsmethode

  Viele haben mit Gruppenarbeit negative Erfahrungen gemacht, so dass sie ihr gegenüber eine negative Einstellung entwickeln. Ist nun Gruppenarbeit angesagt, wird versucht, die Sache möglichst sparsam zu erledigen („Das Ganze bringt ja eh nichts") oder es werden sogar Boykottversuche unternommen, sei es durch provozierende Kommentare oder die Weigerung mitzuarbeiten. Deshalb: Verwenden Sie die Methode der Gruppenarbeit nur bei geeigneten Fragestellungen, also dann, wenn diese Art des Lernens einen zusätzlichen Gewinn gegenüber anderen Lernformen darstellt! Und vergessen Sie nicht, den Lernenden, den Sinn der Gruppenarbeit plausibel zu erklären!

4.4.3 Kooperativ Probleme lösen

Kurzbeschreibung

Während einer Kleingruppenarbeit werden Lösungsmöglichkeiten zu einem bestimmten Problem erarbeitet. Dabei dient eine teilweise vorstrukturierte Mind Map dazu, die Gruppenarbeit zu strukturieren. Die Ergebnisse der einzelnen Kleingruppen werden dann im Plenum an Hand der erstellten Mind Maps zusammengetragen.

Hauptfunktion

Häufig wird die Kleingruppenarbeit nach einer Sammelphase im Plenum (vgl. Kapitel 4.1.2: „Brainstorming in der Gruppe") eingesetzt. Ziel der Kleingruppenarbeit ist es u. a., einzelne Ideen zu konkretisieren, Lösungen für ein bestimmtes Problem zu finden, oder konkrete Umsetzungsschritte zu planen. Der Vorteil von kleinen Gruppen liegt darin, dass sie zielgerichteter, effektiver und schneller arbeiten als das etwas schwerfällige Plenum. Der Vorteil gegenüber Einzelarbeit liegt im **Synergieeffekt**: Das Ganze ist mehr als die Summe der Teile. Wichtig ist auch, dass Probleme in der Gruppe gelöst werden, damit die erarbeiteten Lösungen auch **breite Akzeptanz** finden. Die Struktur einer Map dient während der Gruppenarbeit als eine Art Gerüst bzw. Diskussionsleitfaden, wobei einige der Hauptkategorien vorher definiert werden sollten. Sind diese bei allen Kleingruppen die gleichen, so lassen sich die einzelnen Gruppenergebnisse später einfach zusammentragen, vergleichen oder gegenseitig ergänzen.

Ablauf

Bevor Sie loslegen, prüfen Sie, ob die Methode der Kleingruppenarbeit tatsächlich geeignet ist: Kommen bei der Bearbeitung der Aufgaben die Vorteile des Zusammenarbeitens von mehreren Personen zum Tragen oder können sie genau so gut durch eine

Person bearbeitet werden? Kooperatives Problemlösen eignet sich, wenn es darum geht, unterschiedliche Aspekte eines Themas aufzugreifen (z. B. auf Grund von unterschiedlichem Fachwissen bzw. verschiedenen Funktionsbereichen der Teilnehmer), mehrere Lösungen für ein Problem zu finden oder Thesen und Vorschläge miteinander zu vergleichen.

(1) Die Chancen der Aufgabe aufzeigen: Vermitteln Sie den Teilnehmern zum einen, warum sie diese Aufgabe mit der Methode der Gruppenarbeit bearbeiten, zum anderen, warum sie dazu eine Map erstellen sollen. Betten Sie die Gruppenarbeit auch in den Gesamtkontext des Seminars ein, indem Sie verdeutlichen, wie mit den Ergebnissen weitergearbeitet werden soll.

(2) Die Aufgabenstellung erklären und schriftlich festhalten: Die Aufgabenstellung kann sehr unterschiedlich aussehen. Häufig werden im Anschluss an eine Sammelphase einzelne Ideen weiter konkretisiert, Lösungen für ein bestimmtes Problem erarbeitet, oder konkrete Umsetzungsschritte geplant. Erklären Sie den Teilnehmern, dass Sie die Gruppenergebnisse in Form einer Mind Map darstellen sollen.

(3) Das Verständnis des Arbeitsauftrages sicherstellen (nähere Erläuterungen siehe S. 74)

(4) Die Zeit vereinbaren und visualisieren (nähere Erläuterungen siehe S. 74)

(5) Gruppenbildung: Lassen Sie erst jetzt Gruppen bilden. Denn sobald die Teilnehmer in den Gruppen sind, hört niemand mehr zu. Zur Gruppenbildung bieten sich mehrere Möglichkeiten an:

- Nach Interesse
- Nach Zufall
- Nach Sympathie
- Nach Teilnehmermerkmalen (Experten und Anfänger, Personen aus unterschiedlichen Funktionsbereichen, etc.)

Generell gilt, dass sich eine Gruppe aus maximal sechs, besser aber nur aus drei bis vier Teilnehmern zusammensetzen sollte.

(6) Kleingruppenarbeit: Nun beginnt die Arbeit in den Kleingruppen. Es empfiehlt sich, die Mind Map vor der Gruppenarbeit zu strukturieren. Fertigen Sie dafür auf einem Flipchart bzw. einer Pinnwand das Grobgerüst einer Mind Map mit den wichtigsten Hauptkategorien an. Bei der Problembearbeitung bietet sich in den meisten Fällen folgende Grundstruktur an: Ist, Soll, Widerstände, Lösungsansätze. Gerade der Punkt Widerstände ist bei der Ausarbeitung von Lösungsvorschlägen besonders zu beachten. Es ist wichtig, die Ziele aller beteiligten Personen herauszuarbeiten und diese bei der Lösungssuche zu berücksichtigen. Eine Lösung hat nur Aussichten auf Erfolg, wenn die Interessen aller Beteiligten berücksichtigt werden!

(7) Präsentation der Ergebnisse im Plenum: Im Anschluss an die Gruppenarbeit werden die Ergebnisse von jeweils zwei Teilnehmern im Plenum präsentiert. Zwei Teilnehmer sind wichtig, damit nicht der Eindruck entsteht, es sei das Ergebnis eines einzelnen, und damit unterschiedliche Auffassungen in der Gruppe auch für das Plenum sichtbar gemacht werden können. Achten Sie als Moderator darauf, dass nicht schon während der Präsentation Diskussionen auftreten und dass die Zeiten eingehalten werden.

(8) Auswertung: Nach den Präsentationen gilt es gemeinsam herauszuarbeiten, was aus den Beiträgen für die weitere Arbeit wie verwertet werden soll. Setzen Sie daher als Moderator bzw. Seminarleiter geeignete Impulse wie z. B. „Eure Ergebnisse sind jetzt unser Arbeitsmaterial.“, „Was war euch besonders wichtig?“, „Gibt es Konsequenzen für die Praxis?“, „Was sollten wir vertiefen?“, „Welches Fazit zieht ihr?“. Die Auswertungsarbeit sollte visuell unterstützt und festgehalten werden. Über den weiteren Verlauf bestimmt auch die Art der Gruppenarbeit. Wurden z. B. konkrete Handlungsschritte ausgearbeitet, so empfiehlt es sich, im folgenden Schritt einen Maßnahmenkatalog auf einer gesonderten Pinnwand zu erstellen, nach dem Prinzip „wer, mit wem, bis wann“.

Varianten

Vorgeschaltete Einzelarbeit: Manchmal ist es sinnvoll, den Teilnehmern zunächst Zeit für eigene Gedanken zu lassen, bevor die eigentliche Gruppenarbeit beginnt. Dadurch wird verhindert, dass die Ideen einzelner schneller Teilnehmer die Denkrichtung aller Teilnehmer bestimmen.

Typische Probleme und deren Lösungsmöglichkeiten

- Eine Gruppe braucht mehr Zeit.

  Zwischenstand dokumentieren lassen: Achten Sie darauf, dass auf alle Fälle etwas dokumentiert wird, das später in der Großgruppe vorgestellt werden kann. Fordern Sie Ihre Teilnehmer dazu auf, den Zwischenstand ihrer Diskussion zusammenzufassen. Später kann dann entschieden werden, ob es tatsächlich nötig ist, das Thema noch weiter zu vertiefen.

  Kaffeepause: Gute Erfahrungen haben wir damit gemacht, die Gruppenarbeit in die Kaffeepause münden zu lassen. Dann kann jede Gruppe für sich entscheiden, wann Sie in die Pause geht, oder ob sie sich nur einen Kaffee in die Gruppe holt. Deshalb empfiehlt es sich auch, nicht die Arbeitsdauer anzugeben, sondern nur die Zeit anzugeben, wann sich die Gruppen wieder im Plenum treffen sollen.

- Zähe Auswertung der Gruppenergebnisse.

  Die Auswertung ist wesentlich angenehmer, wenn Sie unterschiedliche Arbeitsaufträge an die Gruppen vergeben. Ist dies aus inhaltlichen Gründen nicht sinnvoll, so weisen Sie in diesem Falle darauf hin, dass nur noch neue Gesichtspunkte ergänzt werden sollen oder lassen Sie Unterschiede und Gemeinsamkeiten zur Vorgängergruppe herausarbeiten.

- Fehlende Motivation.

  Vermitteln Sie noch einmal kurz (!) den Teilnehmern den Nutzen der Gruppenarbeit und warum Sie gerade diese Methode ausgewählt haben. Häufig hilft es auch, die Bedeutung des Gruppenbeitrags an der Gesamtaufgabe explizit hervorzuheben.

4.5 Wissen erfassen

In der Aus- und Weiterbildung ist es wichtig, den Lernerfolg der Teilnehmer zu beurteilen, um den Lernerfolg sicher zu stellen und gegebenenfalls Hinweise auf konzeptionelle Änderungen des Seminars zu erhalten.

Dabei bieten Concept Maps besonders zur Überprüfung des Verständnisses komplexer Sachverhalte eine gute Alternative zu herkömmlichen Wissenstests. Die folgenden Fragen stehen im Vordergrund: Was haben die Teilnehmer verstanden? Sind die wichtigsten Konzepte und Lerninhalte im Gedächtnis geblieben? Wo sind noch Schwächen zu erkennen? Mit diesen und weiteren Fragen beschäftigt sich das Kapitel „Wissen überprüfen".

Neben der abschließenden Beurteilung des Lernerfolgs lässt sich die Erfassung von Wissen auch als didaktisches Instrument während eines Seminars einsetzen. So kann beispielsweise zu Beginn des Seminars das Vorwissen der Teilnehmer aktiviert werden, wodurch das Erlernen von neuen Inhalten erleichtert wird. Hierbei stehen Fragen wie „Was wissen meine Teilnehmer bereits?" oder „Wo gibt es Misskonzepte oder Verständnisillusionen?" im Vordergrund. Diesen Fragen wendet sich das Kapitel „Vorwissen aktivieren" zu.

4.5.1 Vorwissen aktivieren

Kurzbeschreibung

Vor oder zu Beginn einer Seminareinheit erstellen die Teilnehmer eine Concept Map zu einem Themengebiet, über das sie anschließend näher informiert werden. Nach einem inhaltlichen Input überarbeiten und reflektieren die Teilnehmenden ihre in der Vorphase erstellten Concept Maps.

Hauptfunktion

Dieses Vorgehen erfüllt mehrere Funktionen. Zum einen ermöglicht es die **Einstimmung** der Teilnehmenden auf ein neues Themengebiet. Eventuell werden bei den Teilnehmern bereits erste Fragen geweckt – eine günstige Ausgangsposition für den Wissenserwerb. Zum anderen aktiviert es Wissen, das durch inhaltliche Informationen in einer späteren Phase ergänzt oder verändert werden kann.

Die Teilnehmenden werden bei dieser Methode sowohl dazu aufgefordert, ihr Wissen zu einem bestimmten Thema explizit in Form einer Concept Map darzulegen, als auch dazu, dieses

Wissen nach einem inhaltlichen Vortrag zu reflektieren. Beide Teilschritte sind mit einer **tieferen Verarbeitung** der Inhalte verbunden, da einerseits vorhandenes Wissen aktiviert wird und andererseits neue Wissenselemente mit vorhandenem Wissen verknüpft werden. Wird das Vorwissen der Teilnehmer bereits vor dem Seminar (z. B. am Ende der zurückliegenden Seminareinheit bei Veranstaltungen mit mehreren Blöcken) erfasst, kann das Seminar auf die spezifischen Schwierigkeiten und Wissenslücken der Teilnehmer abgestimmt werden.

Ablauf

(1) Erstellen der Concept Maps: Lassen Sie Ihre Teilnehmer eine Concept Map zum Seminarthema erstellen. Wir geben den Teilnehmern oft bereits die wichtigsten Schlüsselbegriffe und evtl. eine Struktur vor (siehe Kapitel 2.2.6: „So setzen Sie vorstrukturierte Concept Maps als Lehrmethode ein"). Das hat den Vorteil, dass alle wichtigen Begriffe, auf die wir im Seminar eingehen, bereits eingeführt sind und die Teilnehmer sich nicht überfordert fühlen.

(2) Stoffdarbietung: Sie oder ein Experte hält einen Vortrag zum Seminarthema. Wurden die Concept Maps bereits am Ende der letzten Seminareinheit erstellt, so können Sie während Ihres Vortrags gezielt auf Probleme und Wissenslücken der Teilnehmer eingehen.

(3) Überarbeitung der Concept Maps: Geben Sie im Anschluss an die Stoffdarbietung den Teilnehmern Zeit, ihre Concept Maps zu überarbeiten.

(4) Präsentation der Ergebnisse: Am Ende stellen die Teilnehmer ihre Concept Maps im Plenum vor. Fragen Sie gezielt nach: „Was hat sich verändert?", „Was ist Ihnen nun klarer geworden?". Achten Sie bei der Präsentation auch darauf, dass die Concept Maps alle wichtigen Schlüsselbegriffe enthalten, die Beziehungen korrekt sind und erklärt werden können.

Beispiel: In einer Seminareinheit zum Thema „Faktoren des Lernerfolgs" erstellten die Teilnehmer eine Concept Map. Danach erfolgt ein Vortrag, in dem empirische Untersuchungen zu Einflussfaktoren auf den Lernerfolg vorgestellt werden. Anschließend werden die Concept Maps mit dem neu erworbenen Wissen überarbeitet. Die verbesserten Concept Maps werden dann im Plenum vorgestellt und die Unterschiede hervorgehoben. Eine Beispiel-Concept Map zum Vorwissen eines Seminarteilnehmers sehen Sie in Abb. 31.

Varianten

Erstellen der Concept Maps in Kleingruppen: Anstatt alle Teilnehmer einzeln eine Concept Map erstellen bzw. verbessern zu lassen, kann dies auch in Kleingruppen erfolgen (siehe Kapitel 4.4: „In Gruppen arbeiten"). Dadurch wird die Auswertungsphase deutlich verkürzt.

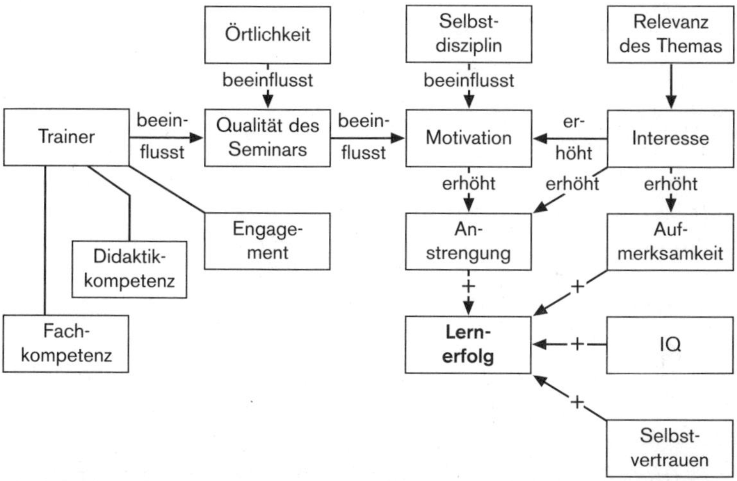

Abb. 31: Concept Map eines Seminarteilnehmers zum Vorwissen über Einflussfaktoren auf den Lernerfolg

Typische Probleme und Lösungsmöglichkeiten

- Die Teilnehmer sind überfordert.

Bei methodischer Überforderung: Häufig liegt es daran, dass die Teilnehmer mit der Methode des Concept Mappings noch wenig vertraut sind. Geben Sie deshalb immer eine gründliche Einführung (z. B. indem Sie zunächst gemeinsam eine Concept Map erstellen), bevor Sie Concept Mapping in ihren Seminaren einsetzen.

Bei inhaltlicher Überforderung: Nicht selten fühlen sich die Teilnehmer aber auch von dem Thema überfordert. Räumen Sie zunächst Missverständnisse aus dem Weg. Weisen Sie ihre Teilnehmer darauf hin, dass es nicht darum geht, bereits alle Konzepte und ihre Beziehungen untereinander zu kennen. Gerade deshalb sind sie ja in Ihrem Seminar, um näheres zum Themengebiet zu erfahren. Vielmehr geht es darum, die Teilnehmer auf das Thema einzustimmen und ihr Vorwissen zu aktivieren, um daran anknüpfen zu können.

Um Überforderung zu vermeiden, können Sie auch die wichtigsten Begriffe vorgeben und die Teilnehmer in Kleingruppen einteilen, nach dem Motto „Mehrere wissen mehr als einer alleine".

4.5.2 Wissen überprüfen

Kurzbeschreibung

Im Anschluss an einen Vortrag oder am Ende einer Seminareinheit werden Concept Maps erstellt, die im Folgenden vom Seminarleiter analysiert und ausgewertet werden. Die Ergebnisse werden anschließend den Teilnehmern zurückgemeldet. Die Auswertung ergibt zudem Hinweise für die zukünftige Planung.

Hauptfunktion

Ein Ausspruch im Englischen besagt: „What you test is what you get". Gemeint ist damit, dass die Art der Wissensüberprüfung einen wesentlichen Einfluss darauf ausübt, was und wie gelernt wird. Herkömmliche Tests fokussieren häufig auf Faktenwissen. Dabei geht es häufig darum, möglichst viel Wissen zu reproduzieren. Die Folge ist ein Auswendiglernen. Concept Maps hingegen betonen das Verstehen. Einzelne Fakten bleiben nicht für sich alleine stehen, sondern werden in Beziehung zueinander gesetzt. Der größere Zusammenhang wird deutlich. Das zu Lernende wird in Beziehung zur eigenen Erfahrungswelt gesetzt. Beispiele und Anwendungsmöglichkeiten rücken in den Fokus. Concept Maps als Diagnose-Tool eignen sich daher besonders zur Überprüfung des Verständnisses komplexer Sachverhalte. Darüber hinaus liefert die Auswertung wertvolle Hinweise für die zukünftige Gestaltung des Seminars.

Ablauf

(1) Stoffdarbietung: Die Teilnehmenden hören einen Vortrag oder lesen einen Text.

(2) Concept Map anfertigen: Im Anschluss daran erstellt jeder Teilnehmer für sich eine Concept Map zum Thema. Wahlweise können die wichtigsten Elemente bereits vorgegeben werden. Vergessen Sie nicht die Bearbeitungszeit vorher festzulegen.

(3) Auswertung: Nun erfolgt die Bewertung der Concept Maps. Je nach Ihren Zielsetzungen kommt eine Vielzahl an Auswertungsmöglichkeiten in Betracht. Die folgenden Auswertungsstrategien sollten Sie daher als Empfehlungen auffassen, die auf unserer eigenen Arbeit mit Concept Maps beruhen. Gegebenenfalls sollten Sie diese Strategien für Ihre Zwecke anpassen oder durch andere Strategien ergänzen.

Um das Wissen und Verständnis Ihrer Teilnehmer zu erfassen, könnten Sie die Concept Maps z. B. danach auswerten

- Wie viele unterschiedliche Konzepte genannt wurden (**Differenzierungsgrad** der Map),
- Wie viele Verbindungen (Relationen) zwischen Konzepten eingezeichnet wurden. Gemeint ist also das Ausmaß, in dem die Konzepte miteinander vernetzt sind. Ein hoher **Vernetzungsgrad** lässt auf ein tiefes Verständnis schließen insbesondere dann, wenn Querverbindungen zwischen unterschiedlichen Bereichen der Concept Map gemacht wurden,
- Welche **Arten von Relationen** genannt wurden. Werden beispielsweise viele Relationen höherer Ordnung gebraucht (Relationen, die sich auf andere Relationen beziehen), ist dies ein Indiz für eine hohe Abstraktionsfähigkeit,
- Ob inhaltlich falsche Konzepte bzw. falsche Relationen genannt werden.

Diese Kriterien helfen Ihnen, zu bewerten, in welchem Ausmaß eine Wissensstruktur aufgebaut worden ist, welche die Lerninhalte in angemessener Weise widerspiegelt.

Wenn Sie eine genaue Vorstellung davon haben, welches Wissen Ihre Teilnehmer nach der Stoffdarbietung haben sollten, könnten Sie eine so genannte Referenz-Map oder Experten-Map erstellen und die individuellen Maps der Teilnehmer damit vergleichen. Auf diese Weise können Sie feststellen, ob

- alle relevanten Konzepte, Merkmale und Relationen genannt wurden bzw. ob bestimmte Lücken vorhanden sind,
- ob eventuell auch Aspekte genannt wurden, die über den Inhalt des dargebotenen Stoffs im engeren Sinn hinausgehen (Beispiele, Anwendungen, etc.). Solche weiterführenden Konzepte und Relationen sind Hinweise auf eine tiefe und kreative Auseinandersetzung mit den Lerninhalten.

(4) Rückmeldung: Melden Sie die Ergebnisse der Auswertung auf alle Fälle zurück. Wenn möglich, sollte dies in einem persönlichen Feedbackgespräch mit jedem Teilnehmer erfolgen. Hier können auch Unklarheiten und Mehrdeutigkeiten geklärt werden.

(5) Ergebnisse zur weiteren Planung nutzen: Die Ergebnisse der Auswertung stellen nicht nur eine Rückmeldung des Lernfortschritts an die Teilnehmer, sondern gleichzeitig eine Evaluation Ihres Seminars dar. Nutzen Sie dies, indem Sie in den folgenden Seminaren gezielt auf Wissenslücken der Teilnehmer eingehen. Eventuell kann es sinnvoll sein, in Zukunft andere Schwerpunkte zu setzen.

Typische Probleme und deren Lösungsmöglichkeiten

- **Mehrdeutigkeit:** Da es sich beim Concept Mapping um eine Reduktion von komplexen Inhalten auf wenige Schlüsselwörter handelt, sind Concept Maps nicht immer für Außenstehende eindeutig nachvollziehbar. Um eine möglichst hohe allgemeine Verständlichkeit zu erreichen, bieten sich mehrere Lösungsmöglichkeiten an:

  Strukturierung: Indem sie die Anzahl der vorgegebenen Schlüsselwörter erhöhen sowie die Schlüsselwörter räumlich vorgruppieren, können Sie dieses Problem abschwächen (siehe Kapitel 2.2.6: „So setzen Sie vorstrukturierte Concept Maps als Lehrmethode ein“). Finden sie eine Balance zwischen Vorstrukturierung und kreativer Freiheit.

Notizen: Bei computergestützten Mappingverfahren können Knoten durch Notizen ergänzt werden, um Bedeutungen zu erklären. Seminarteilnehmer können gebeten werden, für den Seminarleiter besonders schwer zu verstehende Schlüsselwörter oder Verbindungen durch Erläuterungen zu ergänzen.

Nachfragen: Sofern es die Rahmenbedingungen zulassen, besprechen Sie nicht nachvollziehbare Elemente oder Zusammenhänge mit den jeweiligen Teilnehmern. Alternativ besteht die Möglichkeit, die Concept Maps im Plenum vorstellen zu lassen.

4.6 Texte schreiben und analysieren

Das Schreiben von Texten ist eine wichtige Anforderung in Studium und Beruf: Studierende müssen Hausarbeiten schreiben, Projektmanager verfassen Projektberichte, Wissenschaftler veröffentlichen Artikel in Fachzeitschriften.

Für den Erfolg eines Textes ist es ausschlaggebend, dass es dem Autor gelingt, sich in die Perspektive seiner Leserschaft hineinzuversetzen, sprich: die Vorkenntnisse und das Informationsbedürfnis der potenziellen Leser zu berücksichtigen. Denn, so besagt ein Journalistensprichwort, „einer muss schließlich die Arbeit machen: entweder der Schreiber oder der Leser." Textplanung, Textproduktion und Textrevision sind die zentralen Phasen des Schreibens.

Im Kapitel „Texte schreiben" erfahren Sie, wie Concept Maps Sie in diesen Phasen unterstützen. Concept Maps tragen dazu bei, dem Schreibenden das Schreiben und dem Leser das Verstehen zu erleichtern.

Bei der Inhaltsanalyse wird der umgekehrte Weg eingeschlagen. Sie dient dem systematischen Interpretieren und Auswerten von Texten, zum Beispiel von schriftlich vorliegenden Interviews. Im Kapitel „Texte analysieren" wird gezeigt, wie Texte mit Hilfe von Regeln auf die wesentlichen Aussagen reduziert werden können.

4.6.1 Texte schreiben

Kurzbeschreibung

Beim Schreiben von Texten können Sie Concept Maps nutzen, um Gedanken zu sammeln, zu verknüpfen und zu ordnen. Die Zerlegung des Schreibprozesses in einzelne Schritte bietet die Möglichkeit, sich ganz auf die jeweilige Teilaufgabe zu konzentrieren.

Hauptfunktion

Beim Schreiben von Texten besteht zunächst die Aufgabe, Informationen und Gedanken zum jeweiligen Thema zu sammeln. Später stellt sich die Frage: Wie kann ich all meine Ideen und Gedanken zu dem Thema, über das ich schreibe, in eine lineare Abfolge bringen und sprachlich so miteinander verbinden, dass die Entwicklung der Gedanken im geschriebenen Text für den Leser quasi natürlich und logisch aufeinander aufbauend erscheint?

Ein erster wichtiger Schritt in Hinblick auf eine Lösung dieses Problems ist die sorgfältige Planung Ihres Textes. Je besser Sie Ihren Text planen, umso leichter wird Ihnen anschließend das Schreiben fallen. Concept Maps unterstützen Sie bei der Planung, denn Sie erleichtern es Ihnen, einen roten Faden durch die Vielfalt und Vielschichtigkeit der Gedanken zu legen. Im Idealfall haben Sie am Ende der Textplanungsphase eine Concept Map erstellt, die Sie auch als Gliederung Ihres Textes verwenden können. Die eigentliche Schreibaufgabe besteht dann „lediglich" noch darin, die einzelnen Gliederungspunkte auszuformulieren und Übergänge zu finden. Allerdings macht das konkrete Ausformulieren oft Revisionen erforderlich, die nachträglich auch zu Änderungen in der Gesamtstruktur des Textes führen können.

Ablauf

(1) Zielgruppe und Thema festlegen: Überlegen Sie bei der Eingrenzung Ihres Themas, welchen Wissenshintergrund und welches Informationsbedürfnis Ihre Leserschaft voraussichtlich besitzt. Sie werden nur dann Erfolg haben, wenn Ihre Leser Sie verstehen. Denken Sie daher schon bei der Auswahl und Eingrenzung des Themas an das Vorwissen und die potenziellen Interessen Ihrer Leserschaft.

(2) Stoffsammlung: Führen Sie zunächst ein Brainstorming durch. Notieren Sie Ihre Ideen zum Beispiel auf Karteikarten, „Post its" oder mit Hilfe eines Computerprogramms. Kümmern Sie sich vorerst nicht um eine Strukturierung. Wichtig ist, dass Sie Ihren Kopf frei für Gedankenblitze haben. Versuchen Sie, Ihre Gedanken "auf den Punkt bringen" und stichwortartig aufzuschreiben. Wenn Ihnen bereits illustrierende Beispiele, Anekdoten etc. zu einzelnen Punkten oder Argumenten einfallen, notieren Sie diese ebenfalls als zusätzliche Knoten.

(3) Stoffauswahl und Grobstruktur: Prüfen Sie nun Ihre Stoffsammlung kritisch: Denken Sie dabei immer wieder an Ihre Leserschaft: Welche Inhalte und Argumente sind in Hinblick auf das Informationsbedürfnis Ihrer Leser besonders wichtig? Welche Dinge können Sie kurz abhandeln oder weglassen, weil sie Ihre Leser entweder schon kennen oder vermutlich nicht interessieren? Welche Begriffe müssen Sie ausführlich erklären, weil Sie bei Ihren Lesern diesbezüglich kein Vorwissen voraussetzen dürfen? Stellen Sie sich außerdem folgende Fragen: Welche Punkte gehören inhaltlich zusammen, was ist aus sachlichen Gründen besonders wichtig? Versuchen Sie inhaltliche Zusammengehörigkeit durch räumliche Nähe und Zusammenhänge durch Verbindungslinien darzustellen. Besonders wichtige Konzepte können hervorgehoben werden (z. B. durch Farben).

(4) Feinstrukturierung – den Roten Faden entwickeln: Nachdem Sie nun aus Ihrer Stoffsammlung eine Auswahl getroffen haben und nach inhaltlichen Gesichtspunkten bereits eine Grobstrukturierung der ausgewählten Inhalte vorliegt, müssen Sie Ihre "Arbeitsergebnisse" in eine "lineare Struktur" überführen. Schließlich können Sie nicht alles gleichzeitig sagen, sondern immer nur einen Punkt nach dem anderen. Überlegen Sie sich, womit Sie Ihren Text beginnen wollen, welche Abschnitte und Unterabschnitte danach folgen, usw. Es geht also darum, dass Sie die einzelnen Punkte und Argumente quasi wie Perlen auf einer Kette aufreihen. Sie brauchen an dieser Stelle Ihren Text noch nicht auszuformulieren. Nutzen Sie vielmehr Ihre Textentwurfs-Map, um ein Skript bzw. einen Ablaufplan Ihres Textes zu erstellen. Denn bevor Sie Ihren Text ausformulieren, ist es nützlich, bereits eine grobe Vorstellung zu haben, wohin die Reise gehen soll. Manche Mapping-Computerprogramme unterstützen diesen Gliederungsprozess: In MindManager® und Inspiration® beispielsweise können Sie Ihre Textentwurfs-Map einfach per Knopfdruck in eine Gliederungsansicht überführen.

(5) Text produzieren: Nach der Stoffsammelung und -gliederung beginnt nun das eigentliche Schreiben. Manchmal fällt es schwer, den Einstieg ins Schreiben zu finden. Sie sitzen vor dem berühmten weißen Blatt Papier und quälen sich... Beginnen Sie einfach damit, den Punkt bzw. Unterpunkt auszuformulieren, bei dem Sie das Gefühl haben, dass es Ihnen am leichtesten fällt. Es gibt keine innere Notwendigkeit, mit dem allerersten Satz Ihres Textes anzufangen und mit dem Schlusssatz aufzuhören. Beginnen Sie an der Stelle, wo Ihnen die Sätze am leichtesten aus der Feder fließen. Übergänge für die einzelnen Textbausteine können Sie auch im Nachhinein herstellen.

(6) Text überarbeiten: Sobald Sie schreiben, werden Sie feststellen, dass Ihnen weitere Ideen kommen, Ihre Ideen sich präzisieren und eine konkrete Gestalt annehmen. Sie werden daher Manches, was Sie geplant hatten, über den Haufen werfen oder in anderer Weise realisieren, weil es Ihnen nicht mehr stimmig oder sinnvoll erscheint. Solche Erfahrungen sind normal. Ihre Gedanken entfalten sich beim Schreiben, Sie entdecken neue Aspekte, die Sie unter Umständen zu einer Überarbeitung der Gesamtstruktur des Textes zwingen. Schreiben wird daher oft als zyklische oder auch spiralförmige „Bewegung“ zwischen den Phasen der Planung, Produktion und Revision beschrieben.

Varianten

Obwohl der Schreibprozess hier in einzelne Schritte und Phasen aufgeteilt wurde, kann dies je nach Komplexität des Themas, Zeitdruck oder Vorwissen des Autors variiert werden.

So werden Sie manchmal viel Zeit für die Planungsphase benötigen (Schritte 1–4), ein anderes Mal wird eher die Produktionsphase (Schritt 5) oder Überarbeitungsphase (Schritt 6) im Vordergrund stehen. Sie können auch mehrere Schritte gemeinsam bearbeiten, oder einzelne Schritte während des gesamten Prozesses fortführen (z. B. die Stoffsammlung). Achten Sie jedoch darauf, Ihre Aufmerksamkeit nicht auf zu viele Aufgaben gleichzeitig aufzuteilen.

Tipps zur Formulierung und Gestaltung

- Denken Sie sich Überleitungen zu den einzelnen Unterthemen aus. Schreiben Sie diese in Stichworten ebenfalls in die Concept Map oder auf ein Notizblatt, falls die Concept Map dadurch zu unübersichtlich würde.
- Bei der Suche nach passenden Ausdrücken hilft ein Thesaurus (Synonymlexikon). Ein Thesaurus ist in modernen Textverarbeitungsprogrammen vorhanden.

- Sätze mit Passivkonstruktionen wirken umständlich: Zum Beispiel „Ein großes Haus wurde von den Bauarbeitern gebaut“ versus „Die Bauarbeiter bauten ein großes Haus“.
- Füllwörter wie „noch“, „eigentlich“, „immer“ blähen einen Satz auf: zum Beispiel „Eigentlich ist das Haus ganz schön hoch“ vs. „Das Haus ist sehr hoch“.
- Lesen Sie sich Ihren Text laut vor. An Stellen, an denen Sie stocken, werden auch Ihre Leser stocken.
- Eventuell nehmen Sie Teile der Concept Map als graphische Übersicht mit in den Text auf. Graphische Darstellungen der Textinhalte können das Behalten von Texten fördern und Texte leserfreundlicher gestalten.

Typische Probleme und Lösungsmöglichkeiten

Text aus „Momo“ von Michael Ende: „Siehst du“, sagte der Straßenkehrer, „es ist so: Manchmal hat man eine lange Straße vor sich. Man denkt, die ist so schrecklich lang. Das kann man niemals schaffen. Und dann fängt man an, sich zu eilen. Man eilt sich immer mehr. Jedes Mal wenn man aufblickt, sieht man, dass es gar nicht weniger wird, was da vor einem liegt. Und man strengt sich noch mehr an, man kriegt es mit der Angst, und zum Schluss ist man ganz außer Puste und kann nicht mehr. Und die Straße liegt immer noch vor einem. So darf man es nicht machen.“ Er dachte einige Zeit nach, und dann sagte er: „Man darf nie an die ganze Straße auf einmal denken, verstehst du? Man muss nur an den nächsten Schritt denken, an den nächsten Atemzug, an den nächsten Besenstrich. Und immer wieder nur an den nächsten.“

- Die Aufgabe erscheint zu schwierig.

Lassen Sie sich nicht durch „Killerphrasen“ (z. B. „das kann ich ja eh nicht“) einschüchtern. Die Aufteilung einer schwierigen Aufgabe in überschaubare einzelne Schritte kann den „bedrohlichen Charakter“ abschwächen: Mit Hilfe einer Concept Map wird es Ihnen leichter fallen, den komplexen Schreibprozess in einfachere Teilschritte zu zerlegen. Zugleich hilft sie Ihnen, Überblick zu bewahren, d. h. immer mal wieder an die ganze Straße zu denken, und damit zu vermeiden, dass Sie am Ende in die falsche Richtung laufen!

- Die Concept Map wird zu unübersichtlich.

Während in der Stoffsammlung alle Ideen aufgeschrieben werden, kann im Anschluss an die Strukturierung und Stoffauswahl Unwichtiges gelöscht, ausgeblendet (möglich z. B. mit dem Computerprogramm Easy-Mapping-Tool) bzw. an den Rand gedrängt werden. Ist Ihre Map immer noch zu unübersichtlich, kann sie in mehrere kleinere Concept Maps aufgeteilt werden. Eine übergeordnete Haupt-Map kann auf einem höheren Abstraktionsniveau die kleinen Unterthemen-Maps zusammenfassen.

4.6.2 Texte analysieren

Kurzbeschreibung

In diesem Kapitel wird gezeigt, wie man gesprochene und geschriebene Texte systematisch auf die wesentlichen Aussagen reduziert. Anschließend werden die Aussagen in eine Concept Map überführt, um die inhaltliche Struktur, zum Beispiel die Struktur einer Argumentation, sichtbar zu machen.

Hauptfunktion

Viele Fragestellungen, zum Beispiel welches Wissen Schüler in einer Unterrichtseinheit erworben haben oder welche Position Menschen in Bezug auf eine betriebliche oder politische Reform vertreten, können durch Interviews und Dokumentenanalysen bearbeitet werden. Man steht dann jedoch vor der schwierigen Frage einer möglichst systematischen Auswertung. Mit einer Inhaltsanalyse lassen sich geschriebene und gesprochene **Texte systematisch auf das Wesentliche reduzieren**. Concept Maps unterstützen diesen Prozess der Beschreibung subjektiver Bedeutungsstrukturen. Concept Maps erleichtern die Übersicht und tragen dazu bei, Muster und übergeordnete Bedeutungen (Kategorien) in den Inhalten zu finden. Als Ergebnis dieses Prozesses erhalten Sie eine systematische Reduktion Ihrer Ausgangstexte auf die Hauptbedeutungen.

Ablauf

(1) Fragestellung und Material festlegen: Die Fragestellung bestimmt, welches Material überhaupt für eine Auswertung in Frage kommt, beispielsweise Interviews, Tonbandaufzeichnungen von Diskussionen, Akten, Berichte, etc.

(2) Bestimmung der Analyseeinheiten: Zunächst müssen Sie festlegen, welche Textsegmente Sie Ihrer Analyse zu Grunde legen. Wollen Sie jede vollständige Aussage analysieren, zum Beispiel jeden vollständigen Satz, oder wählen Sie eher größere Segmente, zum Beispiel jeden in sich geschlossenen Absatz? Die Entscheidung für die Auflösungsebene, auf der Sie Ihre Texte analysieren, sollte gut überlegt sein: Je differenzierter Sie einzelne Bedeutungen herausarbeiten wollen (z. B. Art und Funktion des Gebrauchs von Schimpfwörtern), desto kleiner sollte die gewählte Analyseeinheit sein. Kommt es Ihnen vielmehr darauf, allgemeinere Bedeutungen zu beschreiben (zum Beispiel zustimmende versus ablehnende Positionen in Bezug auf die neue Gesundheitsreform), dann sollten Sie entsprechend eine größere Analyseeinheit wählen. Wichtig ist, dass Sie die einmal gewählte Analyseeinheit für das gesamte zu interpretierende Textmaterial beibehalten und nicht willkürlich springen.

Beispiel: Es handelt sich um einen Ausschnitt aus einem Lehrer-Schüler-Gespräch. Der Lehrer möchte feststellen, welches begriffliche Wissen der Schüler über Eukalyptusbäume erworben hat. Er führt daher ein Interview mit dem Schüler.

> L: „Was kannst Du mir zu Eukalyptusbäumen erzählen?"
> S: „Äh, der Eukalyptus gehört zu den, ähm ... zu den Gummibäumen, soweit ich weiß. Die Kängurus – Quatsch – die Koalabären in Australien ernähren sich von den Blättern. Aus den Blättern kann man Eukalyptusöl gewinnen. Es hat eine desinfizierende und schleimlösende Wirkung, haben wir gelernt, und wird daher gerne zur Herstellung von Hustenbonbons verwendet."

Da der Lehrer möglichst detailliert das begriffliche Wissen des Schülers beschreiben möchte, wählt er eine sehr kleine Analyseeinheit, nämlich jeden Satz oder Satzteil, der als selbstständige Aussage aufgefasst werden kann:

(a) „Äh, der Eukalyptus gehört zu den, ähm ... zu den Gummibäumen, soweit ich weiß."

(b) „Die Kängurus – Quatsch – die Koalabären in Australien ernähren sich von den Blättern." (c) „Aus den Blättern kann man Eukalyptusöl gewinnen." (d) „Es hat eine desinfizierende und schleimlösende Wirkung, haben wir gelernt", (e) „und wird daher gerne zur Herstellung von Hustenbonbons verwendet."

(3) Paraphrasierung und Reduktion der inhaltstragenden Textstellen: Streichen Sie alle nicht inhaltstragenden Textbestandteile einer Analyseeinheit (ausschmückende, sich wiederholende Textbestandteile)! Versuchen Sie, die Bedeutung der zu analysierenden Textstelle, sprich: Analyseeinheit, so prägnant als möglich auf ihre Kernaussagen zu reduzieren.
(a) Eukalyptus zählt zu den Gummibäumen
(b) Koalabären ernähren sich von den Blättern
(c) Koalabären leben in Australien
(d) Aus den Blättern wird Eukalyptusöl gewonnen
(e) Eukalyptusöl wirkt desinfizierend
(f) Eukalyptusöl wirkt schleimlösend
(g) Eukalyptusöl ist in Hustenbonbons enthalten
(h) (e) und (f) sind Gründe für (g)

(4) Überführung der Kernaussagen in eine Concept Map: Nutzen Sie bei der Visualisierung von Zusammenhängen und inhaltlichen Strukturen eine Concept Map. Zerlegen Sie dazu jede Kernaussage in Begriffe (z. B. Eukalyptus), Eigenschaften, (z. B. schleimlösend) und Relationen (z. B. zählt zu, wirkt).

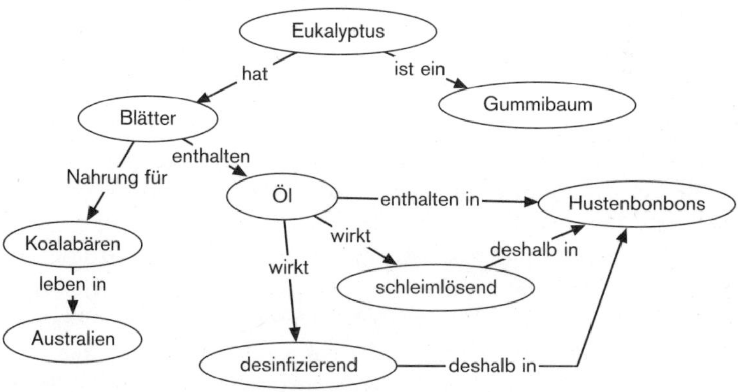

Abb. 32: Visualisierung der Kernaussagen eines Interviews als Concept Map

Konzepte zeichnen Sie als Kärtchen, Relationen als Verbindungslinien zwischen den Kärtchen ein. Teilweise beziehen sich einzelne Aussagen auf andere Aussagen. Dies ist in unserem Beispiel bei den Aussagen (e) und (f) der Fall, da diese beiden Aussagen Gründe angeben für die Aussage (g).

(5) Auswertung: Je nach Erkenntnisinteresse gibt es verschiedene Möglichkeiten, die so entstandenen Concept Maps auszuwerten. Haben Sie beispielsweise Interviews zum gleichen Thema mit mehreren Personen geführt, könnten Sie die Maps in Hinblick auf inhaltliche Gemeinsamkeiten und Unterschiede analysieren. Inhaltliche Strukturen (z. B. Schwerpunkte, Argumentationsketten) treten bei der Darstellung mit Concept Maps „wie von selbst“ hervor. Auf diese Weise lassen sich Personen übergreifende Bedeutungsstrukturen einerseits und individuell einzigartige Strukturen andererseits identifizieren.

Eine Auswertung kann auch quantifizierend sein. Sie können zum Beispiel auszählen

- Wie viele unterschiedliche Konzepte zu einem Thema genannt wurden **(Differenzierungsgrad)**,
- Die Anzahl von Querverbindungen zwischen Konzepten, das Ausmaß also, in dem die Konzepte miteinander vernetzt sind **(Vernetzungsgrad)**,
- Welche **Arten von Relationen** genannt wurden (z. B. Kausalrelationen, Ist-ein-Relationen, Teil-Ganzes-Relationen, etc.). Das Vorherrschen bestimmter Relationstypen könnte auf bestimmte Denkstile hinweisen (z. B. Vorherrschen von Kausalrelationen bei naturwissenschaftlich-technischem Denken);
- Ob sachlich falsche Konzepte bzw. falsche Relationen genannt werden,
- Ob widersprüchliche Aussagen gemacht werden. Bezogen auf das obige Beispiel wäre es denkbar, dass der Interviewte an einer Stelle behauptet, dass Koalabären in Australien leben, an anderer Stelle jedoch angibt, dass es Koalabären ausschließlich in Neuseeland gibt. Solche Widersprüche lassen sich leicht in der Concept Map ablesen. Sie sind ein Hinweis auf die „logische Widerspruchsfreiheit“ der Ansichten des Interviewten.

Wenn Sie bereits eine genaue Vorstellung davon haben, welche Antworten Sie von Ihren Interviewpartnern erwarten, könnten Sie eine so genannte Referenz-Map oder Experten-Map erstellen und die individuellen Maps, die Sie aufgrund der Interviews erstellt haben, damit vergleichen. Auf diese Weise könnten Sie dann feststellen, ob alle relevanten Konzepte, Merkmale und Relationen genannt wurden bzw. ob bestimmte Lücken vorhanden sind.

Varianten

In dem dargestellten Beispiel werden die Aussagen des Schülers auf Grund der kleinen Analyseeinheit auf einer sehr feinen Auflösungsebene analysiert und dargestellt. In vielen Fällen mag eine solch differenzierte Analyse gar nicht erforderlich sein. Sind Sie beispielsweise daran interessiert, grundlegende Argumentationsmuster und Einstellungen zu einem Thema zu erfassen, reicht es gegebenenfalls, gröbere Analyseeinheiten zu wählen, die Sie dann auf ihre Kernaussagen reduzieren (z. B. „Interviewpartner befürwortet Reform aus den folgenden Gründen …“, „Interviewpartner lehnt Reform ab aus den folgenden Gründen …“).

Typische Probleme und deren Lösungsmöglichkeiten

- **Mehrdeutigkeit:** Sie analysieren mit Hilfe von Concept Maps verschiedene Interviews, die Sie geführt haben. Nach einigen Wochen möchten Sie Ihre Ergebnisse zu einem Bericht zusammenfassen. Bei der Durchsicht der Concept Maps stellen Sie fest, dass es gar nicht so leicht ist, sich den Sinn einzelner Maps oder einzelner Teile von Maps wieder ins Gedächtnis zu rufen. Concept Maps sind offenbar in vielen Fällen keineswegs selbsterklärend. Durch die Reduktion auf Kernaussagen und anschließend auf zentrale Konzepte und Relationen gehen beinahe zwangsläufig Kontextinformationen verloren, die das Verstehen erleichtern.

Fügen Sie Ihren Maps erläuternde Kommentare bei, insbesondere bei Maps oder Teilen von Maps, die sehr stark abstrahierend sind und Inhalte reduzieren. Einige Mapping-Programme unterstützen das Kommentieren durch Notizkärtchen, die sich in die Map integrieren lassen. Die Kärtchen können wahlweise auch ausgeblendet werden. Bei „Papier & Bleistift Maps" können Sie Kommentare durch Fußnoten einfügen: Sie nummerieren einen Knoten oder eine Relation, die aus Ihrer Sicht erläuterungsbedürftig ist und schreiben dann eine Fußnote auf ein eigenes Kommentierungsblatt.

4.7 Projekte planen und leiten

Komplexe Aufgaben bestehen häufig aus verschiedenen, untereinander vernetzten Teil- oder Unteraufgaben. In den seltensten Fällen können Sie von einer Person alleine bewältigt werden – ein Aspekt der für Teamarbeit spricht. Sowohl eine systematische Planung der Aufgaben als auch strukturierte Teambesprechungen sind wirksame Ansatzmöglichkeiten, die Aufgabenkomplexität zu verringern und die Kommunikation zu verbessern.

Nicht nur beim Projektmanagement gilt: „Wer nicht weiß, in welchen Hafen er segeln will, für den ist jeder Wind ein ungünstiger!" Im Kapitel 4.7.1 erfahren Sie, wie Sie mit Concept Maps eine „Landkarte des Projektablaufs" entwickeln und so das Projekt transparent, effektiv und gezielt steuern können.

Besprechungen können zu neuen Ideen inspirieren, unterschiedliche Perspektiven deutlich machen und wichtige Informationen vermitteln. Ein Austausch mit dem Ziel eines gemeinsamen Verständnisses ist für die Umsetzung schwieriger Entscheidungen wichtig, besonders wenn alle Gesprächspartner mit im Boot sitzen müssen. Allerdings sind Besprechungen oft auch ineffektiv und frustrierend, vor allem wenn sie unstrukturiert und ohne Ergebnissicherung ablaufen. Im Kapitel 4.7.2 wird Mind Mapping als Werkzeug zur Planung, Ablauf-Fokussierung und Ergebnissicherung einer Teambesprechung vorgestellt.

4.7.1 Projektmanagement

Kurzbeschreibung

Der Schwerpunkt dieses Kapitels liegt auf dem Einsatz von Concept Maps in der Feinplanungsphase des Projektmanagements (bei der Erstellung des Netzplans). Dabei werden die Aufgaben stichwortartig auf Kärtchen gesammelt, geordnet und vernetzt.

Hauptfunktion

Als Projekt bezeichnet man ein Aufgabenpaket, das auf ein bestimmtes Ziel ausgerichtet ist und zu einem festgelegten Termin mit einem bestimmten Budget erreicht werden muss. Neben dem Bau eines Staudamms beispielsweise können auch kleinere „Aufgabenpakete", wie das Entwickeln eines neuen Seminarkonzepts, als Projekt angesehen werden.

Der Einsatz von Mapping-Verfahren bei der Feinplanung erfüllt mehrere Funktionen: Zunächst können die Aufgaben auf Kärtchen gesammelt, visualisiert und inhaltlich geordnet werden. Anschließend kann mit dieser Map weiter gearbeitet werden, indem nun eine zeitliche Reihenfolge – ein Ablaufmodell erstellt wird. Dabei können, im Gegensatz zu linearen Ablaufplänen, zeitlich parallel ablaufende Prozesse in anschaulicher Weise abgebildet werden.

Ablauf

Auftrag und Zielbestimmung

Diese ersten Schritte dürfen nicht unterschätzt werden, sonst droht folgende Erfahrung: Die vorgesehene Zeit für das Projekt ist abgelaufen, das Budget ist aufgebraucht und aus Sicht des Projektteams wurde das Projektziel erreicht. Der Auftraggeber ist jedoch anderer Meinung und lehnt das Projektergebnis ab: „Das wollte ich so ja gar nicht haben!"

Dieses Problem kann auftreten, wenn die Auftragslage nicht klar ist und die Zielsetzung nicht präzisiert wurde. Dass eine Auftragsklärung und Zielbestimmung gar nicht so leicht ist, zeigt auch der von uns beispielhaft gewählte Projektauftrag: „Das Seminarangebot soll erweitert werden, könnten Sie dazu in den nächsten zwei Monaten etwas auf die Beine stellen?"

Um den Auftrag zu konkretisieren sind zunächst folgende Schritte wichtig:

(1) Überblick: Verschaffen Sie sich zunächst ein umfassendes

Verständnis der Ausgangslage des Projekts. Klären Sie, wer in die Maßnahme involviert ist, was Ihrem Auftraggeber besonders wichtig ist, und welche zeitlichen, finanziellen und personellen Rahmenbedingungen vorliegen.

(2) **Von anderen Lernen:** Sie müssen nicht das Rad neu erfinden: Kennt vielleicht ein Bekannter ähnliche, bereits existierende Konzepte? Gab es ähnliche Projekte in der Vergangenheit? Besprechen Sie mit Ihrem Auftraggeber die recherchierten Beispiellösungen.

(3) **Ziele formulieren:** Formulieren Sie klare Ziele. Beziehen Sie Kunden, Auftraggeber, Mitarbeiter und andere Interessenträger in die Zielfindung mit ein. Dadurch werden alle Interessen berücksichtigt, wodurch die Erfolgsaussichten erheblich erhöht werden.

(4) **Erfolgskriterien bestimmen:** Entwickeln Sie klare Erfolgskriterien anhand derer Sie die Zielerreichung messen wollen. Dabei können unterschieden werden:
   - Quantitative Messgrößen, z. B. Durchlaufzeiten um 20 % verkürzen.
   - Qualitative Messgrößen (Soll-Zustand), z. B. Konzept ist einvernehmlich abgestimmt.

(5) Für jedes Ziel sollte darüber hinaus ein **Termin** festgelegt werden.

Die Formulierung von messbaren Zielen fällt nicht immer leicht. In unserem Beispiel könnte das Ziel lauten: „Bis Anfang Juli 2004 ein innovatives, konkurrenzfähiges Seminarkonzept zu entwickeln und durchzuführen." Mögliche Erfolgskriterien sind dabei: Ausgebuchtes Seminar, hohe Kundennachfrage und positives Seminarfeedback.

Feinplanung auf Aufgabenebene

Nachdem das Ziel mit dem Auftraggeber abgesprochen wurde, beginnt die Feinplanung. Ergebnis der Feinplanung ist ein Netzplan, der Abhängigkeiten zwischen den zur Erfüllung des Projektauftrags notwendigen Aufgaben verdeutlicht, sowie ein Gantt-Diagramm, mit dem Sie alle Termine, Aufwand und Ressourcen im Blick haben. Dabei müssen die folgenden Schritte der Projektplanung meist mehrmals durchlaufen werden, bis die Planung abgeschlossen ist.

Aufgabenübersicht erstellen: Bestimmen Sie zunächst alle Aufgaben, die bis zur Zielerreichung erledigt werden müssen. In unserem Beispielprojekt sind das unter anderem die Entwicklung des Seminarkonzepts, die Trainerqualifizierung, die Marktanalyse, die Anmeldung etc. Schreiben Sie jede Aufgabe auf ein eigenes Kärtchen. Achten Sie dabei darauf, dass die Aufgaben jeweils:

- von einer Person oder einer Gruppe von Personen selbstständig erledigt werden können und
- ein klar definiertes Ergebnis besitzen.

Abb. 33: Aufgabenübersicht (Pädagogisch-Didaktisches, Marketing, Organisatorisches)

Die Kunst besteht darin, den richtigen Auflösungsgrad für die einzelnen Aufgaben zu finden. Gerade bei größeren Projekten besteht sonst leicht die Gefahr, dass man sich in einer Vielzahl von Einzelaufgaben verliert. Ein wichtiges Entscheidungskriterium ist die Möglichkeit zur selbständigen Aufgabenerledigung. Sind alle Aufgaben berücksichtigt, so werden die Kärtchen nach zusammengehörigen Aufgabenbereichen zum Beispiel „Marketing", „Seminarentwicklung und -durchführung" und „Organisatorisches" geordnet und durch Farben oder andere Kärtchenmerkmale (siehe Abb. 33) voneinander abgehoben.

Diese farbliche Unterscheidung ermöglicht gerade bei komplexeren Projekten eine schnelle Zuordnung von Aufgaben und Zuständigkeiten (z. B. welche Aufgaben hat die Marketingabteilung bei diesem Projekt?)

Während hier die Aufgaben genauer bestimmt wurden, wird im nächsten Schritt die zeitliche Struktur herausgearbeitet.

Zeitliche Struktur – Die Entwicklung des Netzplans: Manche Aufgaben können gleichzeitig, andere erst nacheinander ausgeführt werden. Um Reihenfolge und Abhängigkeiten der Aufgaben darzustellen, entwickeln Sie einen Netzplan. Dieses kann ein bisschen „puzzelig" werden, da einige Aufgaben mehrere „Vorgänger" besitzen, bzw. mit manchen Aufgaben auch bereits begonnen werden kann, obwohl die Vorgängeraufgabe noch nicht vollständig abgeschlossen ist. Gehen Sie dabei wie folgt vor:

- **Ordnen:** Welche Aufgabe muss als erstes erledigt werden? Positionieren Sie dieses Aufgabenkärtchen am oberen Rand des Papiers oder Bildschirms. Welches ist die letzte Aufgabe? Dieses Aufgabenkärtchen erhält seinen Platz am unteren Rand. Ordnen Sie dann Stück für Stück die anderen Aufgaben nach ihrer zeitlichen Reihenfolge an. Welche Aufgaben müssen erledigt sein, bevor andere begonnen werden können? Zum Beispiel muss das Seminarkonzept stehen, bevor Trainer qualifiziert werden können. Außer zeitlichen Abhängigkeiten zwischen Aufgaben wird mit zunehmender Strukturierung deutlich, welche Aufgaben parallel durchgeführt werden können. Beispielsweise lässt sich die Kundenbefragung parallel zur Konkurrenzanalyse durchführen. Auch die PC-Beschaffung kann parallel zu anderen Aufgaben erfolgen. Wichtig bei der Entscheidung darüber, ob Aufgaben parallel oder in zeitlicher Reihenfolge erfolgen können, ist die Verfügbarkeit von Ressourcen, denn Manches, was technisch parallel ablaufen könnte, muss hintereinander ablaufen, weil die Arbeitskräfte nicht zur Verfügung stehen.

- **Verbindungslinien einzeichnen:** Wenn die Reihenfolge steht, können Sie zeitliche Abhängigkeiten durch Verbindungslinien darstellen (vgl. Abb. 34). Eine Verbindungslinie bedeutet „ist unmittelbare Voraussetzung für", zum Beispiel ist die Kundenbefragung unmittelbare Voraussetzung für das Seminarkonzept. Ordnen Sie den Aufgaben Nummern zu (dann ist eine Zuordnung später leichter möglich).

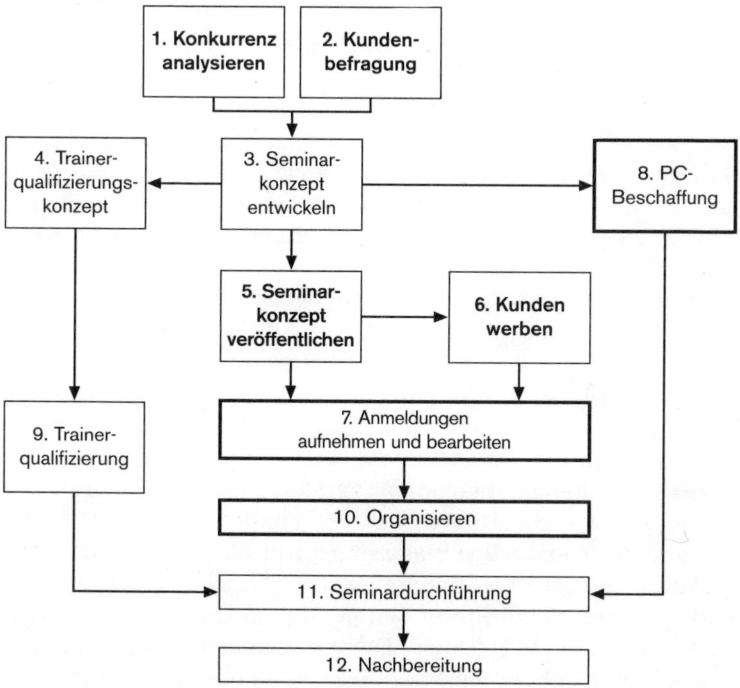

Abb. 34: Netzplan, bei dem die Aufgaben in einer zeitlichen Reihenfolge angeordnet und zeitliche Abhängigkeiten durch Verbindungslinien dargestellt sind.

- **Aufwand und Dauer einschätzen:** Schätzen Sie nun Aufwand und Dauer der einzelnen Aufgaben ein. Aufwand bezeichnet den **Arbeitsaufwand** in Stunden beziehungsweise Tagen, den eine Person für die Erledigung der Aufgabe benötigen würde. Dauer hingegen bezeichnet die **Zeitspanne** (z. B. eine Woche), in der die Aufgabe erledigt werden sollte und stellt damit eine Soll-Vorgabe dar. Achten Sie bei der Planung darauf, dass Ihre Mitarbeiter meist nicht volle 8 Stunden pro Tag tatsächlich leisten können. Wenn die Mitarbeiter 6 Stunden pro Arbeitstag tatsächlich aktiv am Projekt arbeiten, ist dies ein gutes Ergebnis. Am Beispiel des Betongießens lässt sich der Unterschied zwischen Dauer und Aufwand gut nachvollziehen: Obwohl der Aufwand meist nur wenige Stunden beträgt, beträgt die Dauer aufgrund der notwendigen Trockenzeit mehrere Tage.

Bevor Sie Aufwand und Dauer in den obigen Netzplan einzeichnen, legen Sie folgende Planungstabelle an (siehe Tab. 2). Überlegen Sie sich dabei auch wie viele Personen Sie im Idealfall dieser Aufgabe zuordnen würden. Eine präzise Zuordnung von Mitarbeitern zu den Aufgaben erfolgt erst in der Ressourcenplanung.

- **Integrierte Darstellung:** Um nicht dauernd mit den Augen zwischen Netzplan (Abhängigkeiten und Parallelitäten) und Tabelle (Dauer, Aufwand) hin und her springen zu müssen, können Sie Dauer, Aufwand und die vorgesehene Personenanzahl in den Netzplan einzeichnen (vgl. Abb. 35). Schreiben Sie die Dauer (in Stunden oder Tagen) auf die Verbindungslinien. Den Aufwand und die vorgesehene Personenanzahl fügen Sie in das entsprechende Aufgaben-Kärtchen ein.
- **Vorläufigen kritischen Pfad bestimmen:** Während bei manchen Aufgaben „zeitlicher Spielraum“ besteht, gibt es Aufgaben bei denen eine Verzögerung den gesamten Zeitplan des Projektes nach hinten verschiebt. Diese Aufgaben bestimmen den so genannten „kritischen Pfad“. Der vorläufige kritische Pfad erlaubt eine grobe Abschätzung der kürzest möglichen Dauer des Projekts und sollte auch bei der Ressourcenplanung berücksichtigt werden. Visualisieren Sie den kritischen Pfad, indem

Sie eine Linie durch jene Aufgaben des Netzplanes ziehen, bei denen es keinen zeitlichen Spielraum gibt. Im Beispiel besteht der Kritische Pfad aus folgenden Stationen:
- Kundenbefragung (7 Tage)
- Seminarkonzept entwickeln (10 Tage)
- Seminarkonzept veröffentlichen (1 Tag)

Nr.	Aufgaben	Dauer (zur Verfügung stehende Stunden bei 6 h/Tag)	Aufwand in Stunden	Vorgesehene Personen-anzahl
1	Konkurrenz analysieren	5 Tage (5×6=30)	40	2
2	Kundenbefragung	7 Tage (7×6=42)	20	2
3	Seminarkonzept entwickeln	10 Tage (10×6=60)	100	2
4	Trainerqualifizierungskonzept	5 Tage (5×6=30)	8	1
5	Seminarkonzept veröffentlichen	1 Tag (1×6=6)	2	1
6	Kunden werben	10 Tage (10×6=60)	10	1
7	Anmeldungen aufnehmen	14 Tage (14×6=84)	10	1
8	PCs einkaufen	7 Tage (7×6=42)	8	1
9	Trainerqualifizierung	7 Tage(7×6=42)	15	1
10	Organisatorisches z. B. Hotel buchen	20 Tage (20×6=120)	8	1
11	Seminardurchführung	2 Tage (2×6=12)	12	1
12	Nachbereitung	1 Tag (1×6)	8	4

Tab. 2: Planungstabelle zur Abschätzung von Dauer und Aufwand je Aufgabe

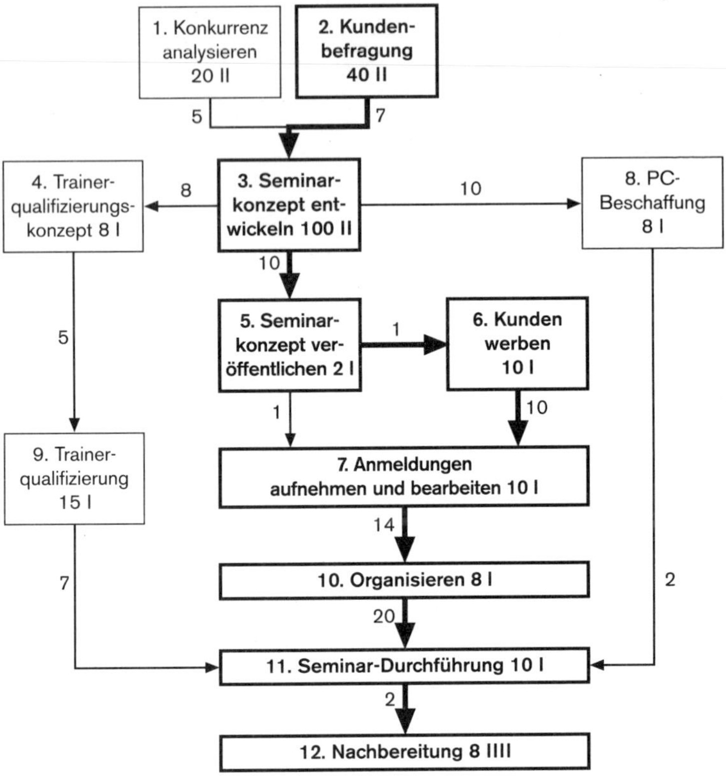

Abb. 35: Netzplan mit Dauer (in Tagen) auf den Verbindungslinien sowie Aufwand (in Stunden) und vorgesehene Personenanzahl (senkrechte Striche) in den Kärtchen

- Kunden werben (10 Tage)
- Anmeldungen aufnehmen und verarbeiten (14 Tage, kann jedoch bereits direkt nach Beginn der Kundenwerbung begonnen werden – siehe typische Probleme)
- Organisieren (20 Tage vor Durchführung)
- Seminar-Durchführung (2 Tage)
- Nachbereitung (1 Tag).

Beachten Sie, dass es sich bei diesem Netzplan um einen idealisierten Ablauf handelt. Eventuell werden „Konkurrenz analysieren“ und „Kundenbefragung“ beide von derselben Person übernommen und können nicht parallel, sondern erst hintereinander bearbeitet werden. Eine genauere Bestimmung der Dauer des Projektes wird erst nach der Ressourcenplanung möglich. Während hier Abhängigkeiten deutlich werden, ist für die Betrachtung der Dauer ein Gantt-Diagramm besser geeignet (siehe Abb. 36).

Der Netzplan und damit auch der kritische Pfad können sich deshalb in den nächsten beiden Phasen und bei Schwierigkeiten auch während der Projektdurchführung nochmals ändern. Aufgaben, die auf dem kritischen Pfad liegen, sollten bei der Ressourcenplanung und der Gantt-Diagramm Erstellung zuerst berücksichtigt werden.

Ressourcenplanung: Teilen sie nun den einzelnen Aufgaben Mitarbeiter zu. Beachten Sie, dass manche Aufgabe nicht von einer Person alleine bewältigt werden kann. Beispielsweise ist die Entwicklung des Seminarkonzeptes innerhalb von zehn Tagen nicht von einer Person alleine zu bewältigen (geschätzter Aufwand 100 Stunden). Außerdem kann es inhaltlich sinnvoll sein, mehrere Personen zusammenarbeiten zu lassen. Finden Sie bei der Zuteilung der Personen zu den Aufgaben die richtige Balance: Zu wenige Mitarbeiter führen zu Verzögerungen, zu viele zu hohem Koordinationsaufwand. Erweitern Sie Ihre Planungstabelle um eine Verantwortlichkeits-Spalte (s. Tab. 3, S. 112).

Visualisierung von Terminen – das Gantt-Diagramm: Das Gantt-Diagramm stellt den Terminplan dar. Legen Sie sich zunächst ein Kalenderblatt (z. B. in Excel) an, das den Projektzeitraum enthält (s. Abb. 36, S. 113). Tragen Sie die einzelnen Aufgaben in die linke Aufgabenspalte ein. In der Balkenspalte, wird die Zeitplanung visualisiert. Beginnen Sie von hinten, d. h. tragen Sie zunächst die letzte Aufgabe am vorgesehenen Projektabschluss-Termin ein. Arbeiten Sie sich dann Stück für Stück zum Anfang zurück, indem Sie zunächst den kritischen Aufgaben und dann den unkritischen Aufgaben konkrete End- und Anfangs-Termine (abgeleitet aus der Dauer und freien Terminen Ihrer Mitarbeiter) zuordnen.

Nr.	Aufgaben	Dauer (Tage × Stunden/Tag = Stunden)	Aufwand in Stunden	Namen und Verantwortung Hans	Pia	Tom	Kim
1	Konkurrenz analysieren	7×8=56	40	A	V	I	I
2	Kundenbefragung	5×8=40	20	I	I	V	A
3	Seminarkonzept entwickeln	10×8=80	100		V	A	I
...	...	...	...				

Tab. 3: Planungstabelle um Verantwortungsspalte erweitert; Legende: A: Arbeitet mit, V: Verantwortlich, I: Wird Informiert

Beachten Sie, dass dabei keine Abhängigkeiten verletzt werden dürfen (siehe Netzplan). Außerdem wurde eine Mitarbeiter-Spalte hinzugefügt. Diese enthält die jeweils für eine bestimmte Aufgabe eingeteilten Mitarbeiter (V: Verantwortlich, A: Arbeitet mit). Eine komplexere Möglichkeit der Gantt-Diagramm-Erstellung finden Sie unter Varianten.

Tipp: Um dynamisch den Aufgabenfortschritt innerhalb des festgelegten Zeitraumes zu visualisieren, können Sie beispielsweise „Post-Its“ verwenden

Kostenplanung und Risikoabschätzung

Kosten werden meist vom Auftraggeber vorgegeben und stehen oft in einem engen Bezug zum Zeitplan. Stellt sich heraus, dass das Budget mit der bisherigen Planung überschritten wurde, so muss zum Beispiel der Terminplan angepasst werden. Andererseits kann es vorkommen, dass nach sorgfältiger Planung die Termine nicht eingehalten werden, und zum Beispiel mehr Mitarbeiter angeworben werden müssen, wodurch die Kosten ansteigen.

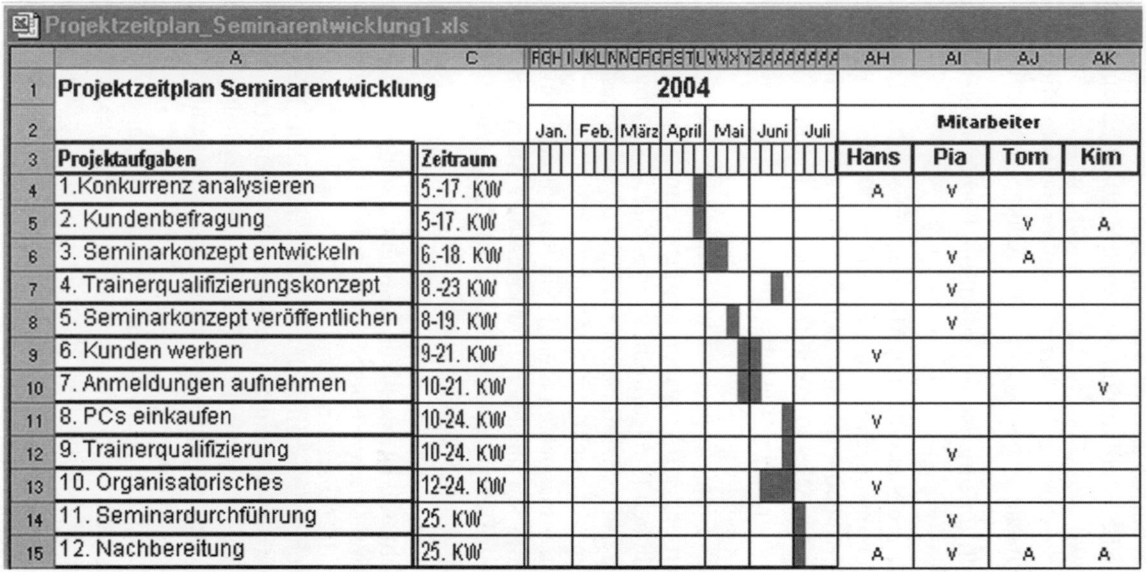

Projektzeitplan Seminarentwicklung		2004				
			Mitarbeiter			
Projektaufgaben	Zeitraum		Hans	Pia	Tom	Kim
1.Konkurrenz analysieren	5.-17. KW		A	V		
2. Kundenbefragung	5-17. KW				V	A
3. Seminarkonzept entwickeln	6.-18. KW			V	A	
4. Trainerqualifizierungskonzept	8.-23 KW			V		
5. Seminarkonzept veröffentlichen	8-19. KW			V		
6. Kunden werben	9-21. KW		V			
7. Anmeldungen aufnehmen	10-21. KW					V
8. PCs einkaufen	10-24. KW		V			
9. Trainerqualifizierung	10-24. KW			V		
10. Organisatorisches	12-24. KW		V			
11. Seminardurchführung	25. KW			V		
12. Nachbereitung	25. KW		A	V	A	A

Abb. 36: Projektzeitplan Seminarentwicklung

Obendrein müssen auch die Risiken einzelner Aufgaben eingeschätzt werden und eventuell deshalb zusätzliche Zeitpuffer (Auswirkungen abfedern) eingebaut werden. Andererseits können Sie durch gute Planung und kompetente Mitarbeiter die Auftretenswahrscheinlichkeit von Risiken verringern.

Durchführung: Kommunikation, Fortschritts- und Qualitätskontrolle

Führen Sie mit Ihren Mitarbeitern wöchentlich eine Teambesprechung durch (s. auch Kapitel 4.7.2). Neben der Kontrolle des Zielerreichungsgrades dienen Teambesprechungen der Vernetzung der Mitarbeiter untereinander. Bei Schwierigkeiten kann man sich gegenseitig unterstützen und gemeinsam Lösungsmöglichkeiten besprechen.

Der Projektfortschritt wird durch den kontinuierlichen Vergleich der Soll-Vorgaben aus dem Gantt-Diagramm mit den tatsächlichen Fortschritten überwacht, so dass Abweichungen möglichst früh erkannt werden. Bei Verzögerungen stehen Ihnen u. a. folgende Korrekturmaßnahmen zur Verfügung:

- Als erstes prüfen Sie, ob Sie Ressourcen von nicht kritischen Aufgaben abziehen und kritischen Aufgaben zuordnen können. Denn wenn das Projekt in Zeitverzug gerät, ist per Definition der kritische Pfad in Verzug.
- Überstunden leisten: Dem Team mitteilen, was auf dem Spiel steht und eventuell die Notwendigkeit von Überstunden deutlich machen (Risiko: Stimmungsverschlechterung im Team und Budgetüberschreitung).
- Mehr Mitarbeiter der Aufgabe zuteilen. Dies ist Allerdings ein zweischneidiges Schwert, da neue Mitarbeiter Unruhe ins Team bringen und zunächst erst eingearbeitet werden müssen. Außerdem sind zusätzliche Mitarbeiter mit zusätzlichen Kosten verbunden.
- Als letzter Ausweg verbleibt, die Aufgabe abzukürzen. Verhandeln Sie mit dem Auftraggeber. Eventuell können einzelne Funktionalitäten in einem Folgeprojekt realisiert werden.

Neben der Sicherung der Termintreue müssen Qualität und Kosten überwacht werden.

Nachbetrachtung und Gesamtprojekt-Review

Während bei großen Projekten ein Schlussbericht angefertigt wird, ist es auch nach kleineren Projekten sinnvoll, aus Erfolgen und Fehlern zu lernen. Diese Evaluation kann im Rahmen einer Teambesprechung durchgeführt werden. Sie sollte durch Leitfragen vorstrukturiert werden:

- Was sind die drei positivsten Punkte am Projekt? Was hätte konkret anders laufen müssen?
- Verbesserungsvorschläge?
- Was haben wir bezüglich unserer Planung, Termine, Kosten und Arbeitsfortschrittskontrolle gelernt?
- Offene Fragen.

Varianten

Meilenstein-Plan: Bei kleineren, weniger komplexen Projekten reicht für die Planung eines Projektes ein Meilenstein-Plan anstelle eines differenzierten Netzplans. Als Meilensteine werden wichtige, messbare Zwischenziele bezeichnet, die an sich keine Dauer haben. Es handelt sich um Zwischenstationen. Im Gegensatz zum Netzplan können mit einem Meilenstein-Plan keine parallel auszuführenden Aufgaben visualisiert werden.

Komplexeres Gantt-Diagramm: Das folgende Gantt-Diagramm stellt nicht nur den vorgesehenen Anfangs- und Endzeitpunkt der Aufgaben dar, sondern zusätzlich den frühest möglichen Beginn der Aufgaben. So wird der zeitliche Spielraum, in dem mit der Aufgabe begonnen werden kann (Zeitpuffer), sichtbar. Außerdem wurde eine Mitarbeiter-Spalte hinzugefügt. Diese enthält die jeweils für eine bestimmte Aufgabe eingeteilten Mitarbeiter (V: Verantwortlich, A: Arbeitet mit).

(1) Kalenderblatt vorbereiten: Legen Sie sich zunächst ein Kalenderblatt, das den Projektzeitraum enthält an (siehe Abb. 37). Tragen Sie die einzelnen Aufgaben in die linke Aufgabenspalte ein. In der Balkenspalte wird die Zeitplanung visualisiert.

(2) Rückwärtsrechnung – späteste Zeitpunkte: Beginnen Sie von hinten, d. h. tragen Sie zunächst die letzte Aufgabe am vorgesehenen Projektabschluss-Termin ein. Arbeiten Sie sich dann

Stück für Stück zum Anfang zurück, indem Sie zunächst den kritischen Aufgaben und dann den unkritischen Aufgaben konkrete End- und Anfangs-Termine (abgeleitet aus Dauer) zuordnen. Zeichnen Sie die Zeiträume von End- bis Anfangstermin als Rechtecke in Ihr Kalenderblatt ein. Beachten Sie, dass dabei keine Abhängigkeiten verletzt werden dürfen (siehe Netzplan), d. h. der späteste Endzeitpunkt einer Aufgabe wird erst festgelegt, wenn für alle seine unmittelbaren Nachfolger die Anfangszeitpunkte bekannt sind. So erhalten Sie die spätest möglichen End- und Anfangs-Zeitpunkte der jeweiligen Aufgaben (siehe das Gantt-Diagramm Abb. 37, dunkelgrau markierte Bereiche).

(3) Vorwärtsrechnung – früheste Zeitpunkte: Beginnen Sie nun von vorne, d. h. mit den frühest möglichen Startterminen einer Aufgabe. Zeichnen Sie von diesem frühest möglichen Anfangszeitpunkt bis zum bereits aus der Rückwärtsrechnung bestehenden spätest möglichen Anfangszeitpunkt jeder Aufgabe ein weiteres (andersfarbiges) Rechteck ein (siehe das Gantt-Diagramm Abb. 37, hellgrau dargestellte Bereiche).

Typische Probleme

- Das Projekt lässt sich nicht in einzelne Aufgabenpakete untergliedern.

  Manche Aufgaben lassen sich zum Beispiel bezüglich ihrer Dauer und Kosten nur schwer abschätzen. Hier helfen nur Annährerungen aufgrund von Erfahrung bezüglich ähnlicher Projekte. Eine größere Ungewissheit des Schätzprozesses muss sich in einer größeren Zeitreserve niederschlagen. Außerdem ist nach Möglichkeit eine Zeitreserve einzuplanen, um Auswirkungen von Verzögerungen abzufedern.

- Die Aufgaben überlappen sich.

  Nicht alle Aufgaben-Verknüpfungen im Netzplan gehorchen „einfachen“ Ende-Anfang-Verknüpfungen. Manchmal gibt es auch Überlappungen: Beispielsweise sollten die Anmeldungen nicht erst nach Abschluss der Kundenwerbung, sondern bereits kurz nach Beginn der Werbemaßnahmen entgegen genommen werden. Es handelt sich also um eine Anfangs-Anfangs-Verknüpfung, das heißt die Folgeaufgabe sollte begonnen werden, sobald mit der Vorgängeraufgabe be-

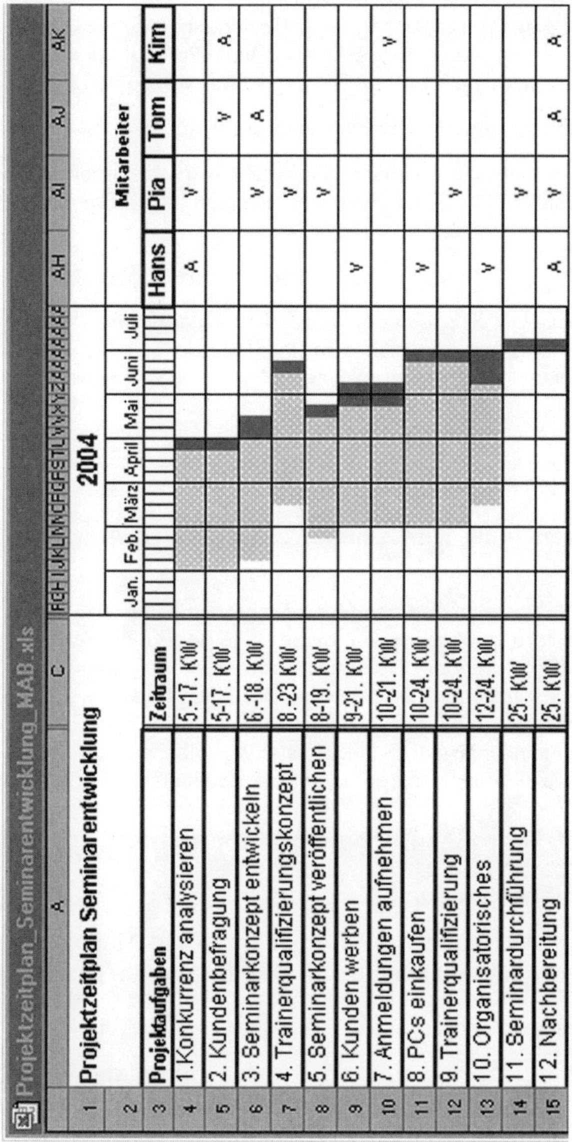

Abb. 37: Komplexes Gantt-Diagramm mit Zeitpuffer (hellgrauer Bereich)

gonnen wurde. Weitere mögliche Verknüpfungen sind Ende-Ende-Beziehung und Anfang-Ende-Beziehung. Indem Sie beispielsweise zusätzlich AA (Anfangs-Anfangs-Verknüpfung) auf die Verbindungslinie schreiben, können Sie die Art der Verknüpfung visualisieren.

- Der Netzplan wird zu unübersichtlich.

  Sehr detaillierte Abhängigkeitspläne werden schnell unübersichtlich. Erstellen Sie einen Übersicht-Netzplan indem Sie einige Aufgaben zusammenfassen.

- Die Beteiligung der Mitarbeiter wird vergessen.

  Netzplan, Ressourcenplanung und Gantt-Erstellung sind ein zyklischer Prozess. Beziehen Sie Ihre Mitarbeiter mit ein. So können zum Beispiel Verzögerungen aufgrund von Urlaubswünschen bereits frühzeitig geklärt werden. Außerdem führt ein partizipatives Rollen- und Projektverständnis der Mitarbeiter zu einer stärkeren Motivation und besseren Zusammenarbeit, da jeder einzelne seine spezifische Verantwortung für das Projekt trägt.

- Manchmal wird zeitlich „unkritischen Aufgaben" zu wenig Aufmerksamkeit geschenkt.

  Der Netzplan und das Gantt-Diagramm helfen den zeitlichen Überblick zu verbessern. Allerdings sollte der Projektplan nicht nur unter zeitlicher Perspektive betrachtet werden. Aufgaben können sehr unterschiedliche Anforderungen bezüglich Qualitäts- und Risikokontrolle stellen. Gibt es Verzögerungen (z. B. Qualitätsmängel) bei einer zunächst zeitlich unkritischen Aufgabe, so kann sich schnell das ganze Projekt verzögern (die Aufgabe kritisch werden!).

4.7.2 Teambesprechungen moderieren

Kurzbeschreibung

Bei der Teambesprechung kann Mind Mapping zur Planung, Prozess-Unterstützung und Dokumentation genutzt werden.

Hauptfunktion

In Teambesprechungen werden Informationen ausgetauscht und Entscheidungen getroffen. Probleme und Schwierigkeiten können angesprochen und diskutiert werden. Die konkrete Ausarbeitung von Problemlösungen wird dann oft an kleinere Arbeitsgruppen delegiert („Kommissionen"). Eine effektive Teambesprechung hängt vor allem von organisatorischen Faktoren (z. B. Planung, Durchführung, Dokumentation), aber auch von sozialen Faktoren (z. B. Atmosphäre) ab.

Mind Maps können durch ihre spezifischen Visualisierungs- und Strukturierungsmöglichkeiten insbesondere die Planung, Durchführung und Dokumentation von Teambesprechungen unterstützen. Durch unterstützende **Strukturierung** und **Protokollierung** werden Teambesprechungen zielgerichteter, transparenter und langfristig effektiver. Die Kommunikationsunterstützung durch Mind Maps hat so indirekt auch positive Auswirkungen auf das soziale Klima von Teambesprechungen.

Ablauf

(1) Themeneinreichung: Schreiben Sie alle Teilnehmer an und bitten Sie um möglichst entscheidungsfähige Tagesordnungspunkte für die nächste Besprechung.

(2) Ablauf planen: Nachdem Sie die Rücksendungen der Teilnehmer gelesen haben, planen Sie den Ablauf der Besprechung. Zeichnen Sie auf eine Pinnwand eine Mind Map mit den Themen bzw. Tagesordnungspunkten („TOPs“) als Hauptäste. Diese TOP-Map könnte z. B. aussehen wie in Abb. 38.

(3) Die Info-Rundmail: Vermitteln Sie den Teilnehmern rechtzeitig, in welchem Rahmen (Beginn, Dauer, Themen, Teilnehmer) und weshalb die Besprechung stattfindet. Zu Beginn der Besprechung muss dann weniger Zeit verwendet werden, um alle auf einen arbeitsfähigen Wissensstand zu bringen. Meist wird dazu die Liste mit den Tagesordnungspunkten an alle Teilnehmer versandt. Anstelle einer Liste können nun die Themen oder die „TOP-Map“ versandt werden und so knapp und schnell für einen Überblick sorgen. Engagierte Teilnehmer nutzen die Vorinformation zur Vorbereitung. Gute Ideen brauchen oft eine gewisse Zeit, um zu reifen.

(4) Ablauf skizzieren: Stellen Sie die Mind Map-Pinnwand (oder Beamer-Projektionsfläche) für alle Teilnehmer gut sichtbar auf. Mit Ihrer vorbereiteten TOP-Map können Sie inhaltlich in die Besprechung einführen. Erklären Sie den Teilnehmern, dass bereits während der Besprechung für alle sichtbar (Papier, Plakat, Beamer, Folie) die Kernaussagen „mitvisualisiert“ werden. Jeder Teilnehmer überprüft, ob seine Beiträge treffend dargestellt werden.

(5) Zeit visualisieren: Beispielsweise oben auf die Pinnwand schreiben „Beginn 11:30, Ende: 12:30 Uhr“. Dies unterstreicht den zeitlichen Rahmen und ist ein impliziter Hinweis, keine Romane zu erzählen.

(6) Dokumentations- und Prozess-Unterstützung: Während der Besprechung notieren Sie Schlüsselwörter bedeutsamer Redebeiträge als Zweige. Bei unklaren Zuordnungen nachfragen: „Wohin gehört das? Ist das ein neuer Aspekt (Hauptast)? Beiträge, die weiter von der Thematik entfernt sind, werden (wenn der betreffende Teilnehmer es wünscht) auf einem Flipchart notiert. Die kontinuierliche Visualisierung des Verlaufs kann das Arbeitsgedächtnis entlasten und zu einer Fokussierung auf das

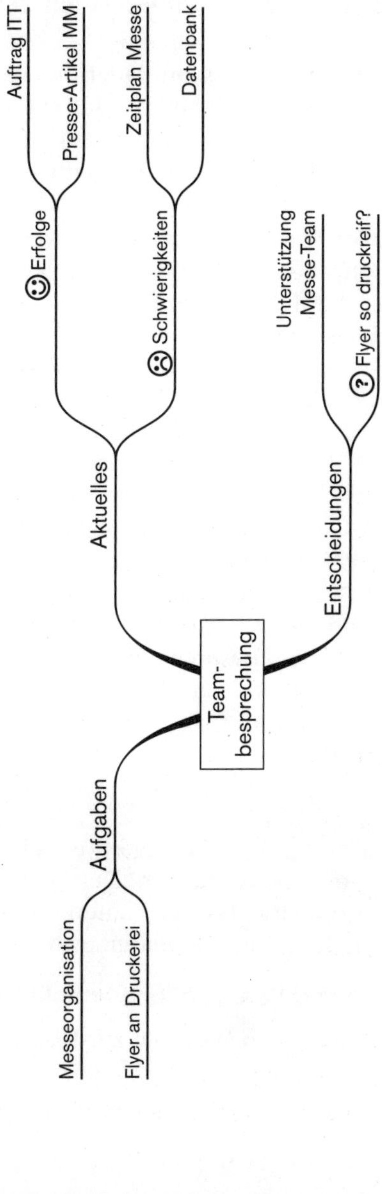

Abb. 38: Beispielstruktur einer TOP-Map

Wesentliche beitragen. Außerdem haben „Vielredner ohne Inhalt" keine Chance, da sie ihre „Information auf den Punkt" bringen müssen.

(7) Ergebnisse zusammenfassen: Aufgrund der kontinuierlichen, übersichtlichen Dokumentation der wichtigsten Punkte kann am Ende leicht ein Resümee gezogen werden. Die Auswertungsarbeit kann visuell z. B. durch Farben und Symbole unterstützt werden.

(8) Nächstes Treffen festlegen und Aufgaben verteilen: Gemeinsam mit der Aufgabenverteilung sollte geklärt werden, wann das nächste Treffen stattfindet. In Hinblick auf eine rasche Umsetzung der Vorschläge und Besprechungs-ergebnisse sollte eine möglichst konkrete Planung stattfinden. Am Besten eignen sich konkrete Vorsätze - „wer, mit wem, was, bis wann" (z. B. „Herr Maier erkundigt sich bis zum 4.12. nach den Kosten und stellt die Ergebnisse allen Teilnehmern zwei Tage vor der nächsten Besprechung (8.12.) per E-Mail zur Verfügung.").

(9) War die Teambesprechung erfolgreich? Ab und zu ist es sinnvoll, nach der Teambesprechung eine kurze Feedbackrunde durchzuführen. Mögliche Fragen sind z. B.: Was war gut, was verbesserungsfähig an dieser Besprechung? Was würden Sie anders machen, wenn Sie die Besprechung noch einmal beginnen könnten? Die Ehrlichkeit und damit auch der Nutzen dieser offenen Feedbackrunde hängen vom gegenseitigen Vertrauen der Seminarteilnehmer ab.

Varianten

Software-Unterstützung: MindManager® enthält spezielle Vorlagen zur Planung von Besprechungen. Dort werden Sie Schritt für Schritt über „Formulare" bei der Planung unterstützt (Abb. 39). Als Ergebnis erhalten Sie eine Planungs-Mind Map.

Typische Probleme und deren Lösungsmöglichkeiten

- Moderieren und aufschreiben führen zur Überlastung.

  Delegieren Sie das Mitschreiben an eine andere Person, so dass Sie sich ganz auf den Diskussionsprozess konzentrieren können.

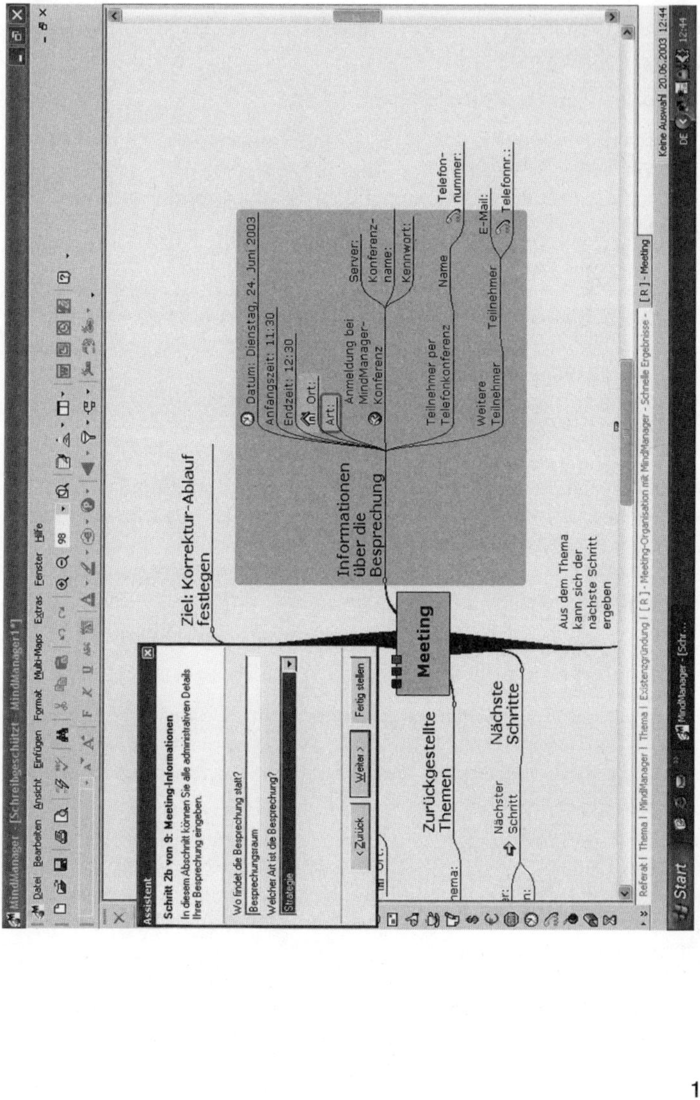

Abb. 39: Screenshot von MindManager®-Vorlage zur Teambesprechungsvorbereitung

- Wenn jeder Redebeitrag visualisiert wird, kann dadurch die Map unübersichtlich werden.

  Visualisieren Sie nicht den gesamten Verlauf (einzelne Redebeiträge), sondern nur die Diskussionsergebnisse. Eventuell erstellen Sie für jedes Thema eine eigene Map erstellen und nutzen die TOP-Map als Gesamtübersicht.

- Die vorgesehene Zeit reicht nicht aus.

  Einzelne ungelöste Probleme und offene Fragen können an Arbeitsgruppen delegiert werden, die diese bis zur nächsten Besprechung bearbeiten und die gefundenen Lösungen dann vorstellen.

- Abhängigkeiten und Vernetzung sprengen die Mind Map-Struktur.

  Falls die Aufgaben und Themen sehr stark miteinander vernetzt sind, sollte als Struktur eher eine Concept Map gewählt werden. Abhängigkeiten zwischen einzelnen Aufgaben können dann an der Map direkt abgelesen werden (siehe Kapitel 4.7.1: „Projektmanagement").

- Die Teilnehmer sind unmotiviert.

  Vermitteln Sie den Teilnehmern die Bedeutung des Themas und die Möglichkeit, auf die Entscheidung konstruktiv Einfluss zu nehmen. Eventuell kann die Mind Map oder Concept Map als Abwechslung zum gewohnten, grauen, linearen Protokoll für eine bessere Stimmung sorgen und bei einem „aufbrechen" verkrusteter Strukturen helfen.

- Es herrscht eine angespannte, unfreundliche Atmosphäre.

  Thematisieren Sie die Stimmung in einer nicht von starkem Zeitdruck bestimmten Teamsitzung. Entwickeln Sie gemeinsam „Spielregeln" zum gemeinsamen Umgang. Visualisieren Sie die gefundenen Spielregeln bei den folgenden Teambesprechungen.

Weitere Tipps:

- **Termin:** Findet die Teambesprechung regelmäßig zu einer bestimmten Zeit statt, so muss darüber nicht jedes Mal neu diskutiert werden.
- **Protokollieren:** Fotografieren Sie Ihre Pinnwand-Map mit einer Digital-Kamera und senden Sie das Bild an die Teilnehmer als Protokoll.

- **Uhrzeit:** Die Teambesprechung nicht mitten in den Vor- oder Nachmittag legen. Die Kollegen werden sonst mitten in ihrer Arbeit unterbrochen. Besser ist es, die Besprechung z. B. eine oder eineinhalb Stunden vor der Mittagspause anzusetzen, die Mittagspause ist dann auch das natürliche Limit.
- **Zeitverzögerungen durch Vorbereitung verhindern:** Falls bei der Besprechung Termine vereinbart und Arbeitsaufgaben verteilt werden, weisen Sie in Ihrer Rundmail darauf hin, dass alle ihren Terminkalender mitbringen.
- **Jede Meinung ist wichtig:** Damit auch eher zurückhaltende Kollegen zu Wort kommen, können Sie jeden der Reihe nach auffordern, seine Ansicht darzulegen.
- **Die aktuelle Besprechungssituation beobachten und reflektieren:** Werden Lösungen planvoll und zielgerichtet gesucht, ist die Atmosphäre angenehm und freundlich, kommen alle zu Wort? Eine solche kontinuierliche Wachsamkeit und Reflektion ist sinnvoll, um gegebenenfalls ungünstige Entwicklungen des Gesprächsverlaufs rechtzeitig beeinflussen zu können.
- **Pausen einplanen:** Erfrischung und informeller Austausch sollten bei längeren Besprechungen nicht unter den Tisch fallen.

4.8 Beratungsgespräche führen

In vielen Bereichen ist es ein wichtiger Bestandteil des beruflichen Handelns, andere Menschen zu beraten. Computerfachleute beraten Anwender bei der Nutzung von Software oder dem Kauf eines Computers. Ärzte beraten Patienten in Hinblick auf einen bevorstehenden chirurgischen Eingriff oder bei der Einnahme von Medikamenten. Architekten beraten Bauherren bei der Raumplanung eines Gebäudes oder bei der Wahl der Baumaterialen.

Die genannten Beratungssituationen unterscheiden sich erheblich sowohl in ihrer Komplexität als auch in der Zielsetzung. In manchen Beratungssituationen geht es darum, dass der Berater dem Ratsuchenden so viel Information vermittelt, dass dieser sein Problem selbständig lösen kann. Dies ist zum Beispiel oft in der Computerberatung der Fall. Andere Beratungssituationen haben vielmehr das Ziel, dem Ratsuchenden eine informierte Entscheidung zu ermöglichen, beispielsweise, wenn es um die Entscheidung für oder gegen einen chirurgischen Eingriff geht. Unabhängig davon, welche Zielsetzung bei einer Beratung im Vordergrund steht, Mind Maps und Concept Maps unterstützen den Beratungsprozess durch Visualisierung und Strukturierung wichtiger Informationen. Wie Sie Mapping-Techniken bei der Beratung effektiv einsetzen können, erfahren Sie in den folgenden beiden Kapiteln.

4.8.1 Beratung bei der Lösung von (technischen) Problemen

Kurzbeschreibung

Beratungsgespräche werden oft geführt, um einen Kunden oder einen Mitarbeiter bei der Lösung eines schwierigen Problems zu unterstützen. Concept Maps unterstützen den Beratungsprozess wirkungsvoll durch Visualisierung und Strukturierung.

Hauptfunktion

Ein wichtiges Ziel von Beratungsgesprächen ist es, die Handlungskompetenz des Ratsuchenden zu stärken. Im Idealfall kann der Berater so viel Information vermitteln, dass der Ratsuchende in die Lage versetzt wird, sein Problem selbständig zu lösen. Ein typischer Fall ist die Beratung eines Kunden bei der Bedienung komplizierter technischer Geräte, zum Beispiel der Bedienung eines Computers. Der Kunde erhält vom Berater Anweisungen, wie er/sie zum Beispiel ein neues Speichermodul in sein Notebook selbst einbauen kann. Concept Maps können dazu dienen, solche Handlungsabläufe zu visualisieren.

Ablauf

(1) Begrüßung und Problembeschreibung: Geben Sie Ihrem Kunden Zeit, sich in die Beratungssituation hinein zu finden. Stellen Sie sich kurz vor, indem Sie Ihren Namen und eventuell Ihren beruflichen Aufgabenbereich nennen. Bitten Sie den Kunden, sein Anliegen zu beschreiben. Bei einer Computerberatung ist es oft sinnvoll, den Kunden zu bitten, (a) sein Ziel zu nennen, das er (mit Hilfe des Computers) erreichen möchte, (b) die Schritte und Handlungen anzugeben, die er bislang durchgeführt hat, um sein Ziel zu erreichen, sowie (c) eine Hypothese zu formulieren, was aus seiner Sicht die Gründe seines Scheiterns sind. Diese Hinweise erleichtern es dem Kunden Ihnen eine möglichst informative und präzise Problembeschreibung zu geben.

(2) Zuhören: Versuchen Sie das Anliegen bzw. Problem Ihres Kunden so genau wie möglich zu verstehen. Fassen Sie Kundenaussagen mit Ihren eigenen Worten zusammen. So stellen Sie eine gemeinsame Verständigungsbasis her und erleichtern Ihrem Gesprächspartner, eventuelle Missverständnisse Ihrerseits zu korrigieren.

(3) Schritt für Schritt erläutern: Erklären Sie dem Kunden die einzelnen Schritte zur Lösung des Problems. Zeichnen Sie dazu eine Concept Map, bei der jeder einzelne Schritt durch einen Knoten dargestellt wird (vgl. Abb. 40). Nummerieren Sie die Schritte entsprechend ihrer Position in der Handlungskette durch. Verbinden Sie die einzelnen Handlungsschritte durch Pfeile, um so die Handlungsabfolge anzuzeigen. Ergänzen Sie Ihre Handlungs-Map gegebenenfalls durch einfache Strichzeichnungen, um bestimmte Handlungsschritte anschaulicher zu machen (zum Beispiel Speichermodulabdeckung beim Notebook zeichnen, siehe Abb. 40).

(4) Den Sinn erklären: Machen Sie die Bedeutung der einzelnen Schritte deutlich. Beim Einbau eines neuen Speichermoduls ist es beispielsweise notwendig, sich regelmäßig zu erden, um elektrostatische Spannung abzuleiten, die den Computer beschädigen könnte. Wenn der Kunde den Sinn solcher Handlungsschritte versteht, sie also nicht lediglich mechanisch ausführt, verbessert das seine Problemlösekompetenz. Er kann sich die Schritte besser merken und wird in ähnlichen Problemsituationen eher in der Lage sein, sein so erworbenes Wissen erfolgreich anzuwenden.

Varianten

Beratung per Internet: Viele kleinere Probleme müssen nicht notwendigerweise von Angesicht zu Angesicht besprochen werden, sondern die Beratung kann auch per E-Mail erfolgen. Im Falle einer Beratung per E-Mail sollte die Handlungs-Map am besten mit Hilfe einer entsprechenden Mapping-Software erstellt werden (siehe Software-Kapitel 5). Die Map kann dann in der Mail zusammen mit weiteren Erläuterungen an den Kunden geschickt werden.

Typische Probleme und Lösungsmöglichkeiten

- Der Kunde hat Schwierigkeiten, Ihren Erläuterungen zu folgen.

  Ein Stirnrunzeln oder ein fragender Blick des Kunden können Anzeichen für potenzielle Verständnisprobleme sein. Wenn Sie unsicher sind, ob der Kunde Ihren Ausführungen folgen kann, fragen Sie ihn, ob Ihre Ausführungen nachvollziehbar sind. Manchmal kann es sinnvoll sein, durch eine Frage das Verständnis des Kunden direkt zu überprüfen. Allerdings sollten Sie mit solchen Verständnisfragen sparsam und geschickt umgehen, da Sie den Kunden damit leicht in die Rolle des „unwissenden Schülers" hineindrängen.

- Den Wissenshintergrund des Kunden richtig einschätzen.

  Damit die Beratung erfolgreich wird, ist es wichtig, dass Sie Ihre Erläuterungen auf den Wissenshintergrund des Kunden abstimmen.

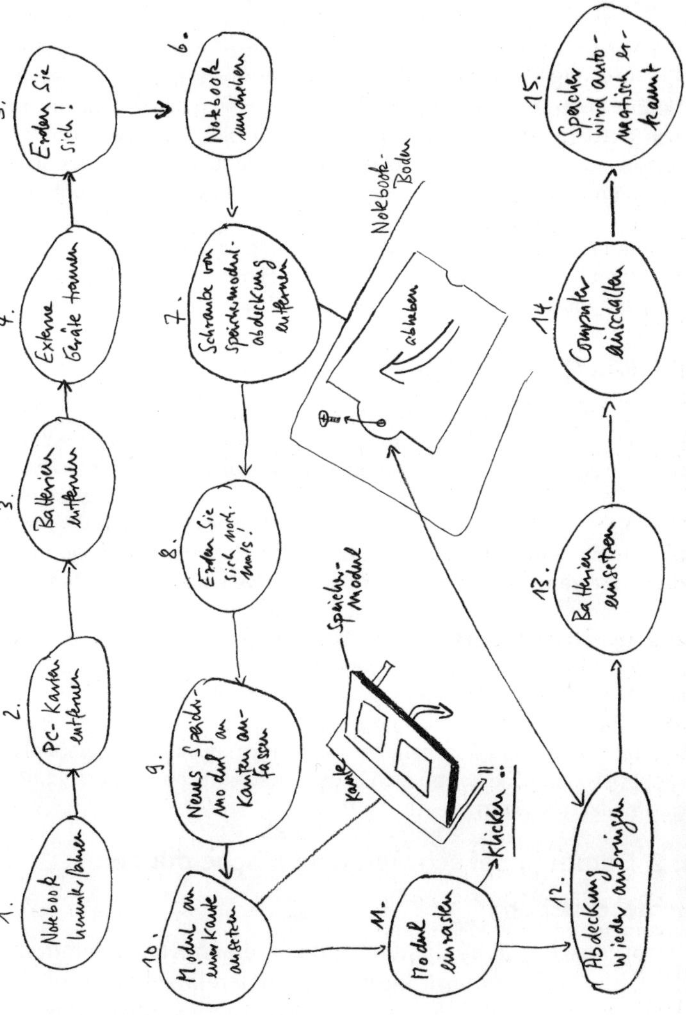

Abb. 40: Ablauf der Installation eines Speichermoduls bei einem Notebook

Gerade zu Beginn eines Beratungsgesprächs ist es oft schwierig, das Vorwissen eines Kunden richtig einzuschätzen, denn im Normalfall kennen Sie den Kunden ja nicht. Es bleibt Ihnen daher zunächst nur die Problemschilderung des Kunden, um Hinweise zu sammeln, welches Wissen und Vorverständnis er in Bezug auf das technische Gerät bereits hat, bei dem das Problem aufgetreten ist. Falls Ihnen die Einschätzung des Kunden schwer fällt, empfiehlt es sich, ihn um eine Selbstbeurteilung seines Wissens zu bitten. Fragen Sie den Kunden, ob er sich in Hinblick auf die Bedienung des Geräts eher als Anfänger, fortgeschrittener Anwender oder gar Experte sieht. Sie können zusätzlich auch fragen, ob er bestimmte Fachbegriffe, die zur Erläuterung seines Problems von Bedeutung sind, bereits kennt. Diese Informationen liefern Ihnen wertvolle Hinweise, die es Ihnen erleichtern, Ihre fachlichen Erklärungen auf den Wissenshintergrund Ihres Kunden besser abzustimmen.

- Probleme bei der Beratung per E-Mail.

  Bei der internetbasierten Beratung ist es besonders schwierig, den Kenntnisstand und das Verstehen eines Kunden richtig einzuschätzen. Die Kommunikationssituation ist unpersönlicher und anonymer, denn Sie sehen den Kunden ja nicht. Nonverbale Botschaften wie Stirnrunzeln oder fragender Blick fallen weg, um Ihnen die Verständigung mit dem Kunden zu erleichtern. Die Kommunikation wird auf diese Weise aufwändiger, auch deshalb, weil alle Botschaften geschrieben werden müssen. Damit die Beratung gelingt, ist es umso wichtiger, dass Sie schnell das Problem des Kunden erfassen und sich ein Bild über seinen Wissenshintergrund machen. Die in diesem Kapitel genannten Leitfragen zur Optimierung der Problembeschreibung des Kunden (siehe Ablauf, Schritt 1) sowie zur Selbstbeurteilung seines Wissenshintergrunds können Ihnen hier wertvolle Dienste leisten. Sie haben sich in wissenschaftlichen Untersuchungen vielfach bewährt.

4.8.2 Beratung bei schwierigen Entscheidungen

Kurzbeschreibung

Beratungsgespräche dienen oft dazu, einem Ratsuchenden zu helfen, angesichts einer komplexen Problemlage eine informierte Entscheidung zu treffen. Mapping-Techniken können den Beratungsprozess durch Visualisierung und Strukturierung unterstützen.

Hauptfunktionen

Einem Klienten oder Kunden eine informierte Entscheidung zu ermöglichen bedeutet: So viel Information vermitteln, dass der Kunde unter Abwägung der anfallenden Kosten und dem zu erwartenden Nutzen eine persönlich optimale Entscheidung treffen kann. Das Beratungsziel der informierten Entscheidung ist typisch für Problemsituationen, bei denen ein Laie mit einem komplexen Problem konfrontiert wird, zu dessen Lösung er auf den Rat eines Experten auf dem betreffenden Gebiet angewiesen ist. Wer z. B. vor einem chirurgischen Eingriff steht, muss wissen, welche „normalen" Risiken dieser birgt, aber auch welche Vorteile in Hinblick auf die eigene Gesundheit zu erwarten sind.

Ein anderes typisches Beispiel, in dem es um eine informierte Entscheidung geht, ist der Kauf eines Camcorders: In der Regel steht der Kunde einer überwältigenden Angebotspalette gegenüber, deren Vielfalt vom Laien ohne erheblichen zeitlichen Aufwand kaum zu überblicken ist. Effektive Kundenberatung hat hier das Ziel, dem Kunden eine Übersicht an die Hand zu geben, ein Informationsraster, das es ihm erlaubt, die Vielfalt der Produkte entlang wichtiger Dimensionen einzuordnen und zu vergleichen.

Typische Dimensionen sind zum Beispiel der Preis, essenzielle und optionale Leistungsmerkmale, oder der verfügbare Kundenservice. Mind Maps und Concept Maps können helfen, ein solches Raster zu visualisieren. Dem Kunden wird es so erleichtert, seine Bedürfnisse zu präzisieren und Präferenzen zu setzen (beispielsweise hinsichtlich bestimmter Leistungsmerkmale). Auf diese Weise kann der Kunde eine informierte Entscheidung treffen, welches Produkt am besten seinen Bedürfnissen entspricht.

Ablauf

(1) Begrüßung und Vorstellung: Geben Sie Ihrem Kunden Zeit, sich mit der Beratungssituation „vertraut" zu machen. Stellen Sie sich kurz vor, indem Sie Ihren Namen und eventuell Ihren beruflichen Aufgabenbereich nennen. Bitten Sie den Kunden, sein Anliegen zu beschreiben.

(2) Zuhören: Versuchen Sie das Anliegen Ihres Kunden so genau wie möglich zu verstehen. Fassen Sie Kundenaussagen in Ihren eigenen Worten zusammen. So stellen Sie eine gemeinsame Verständigungsbasis her und erleichtern Ihrem Gesprächspartner, eventuelle Missverständnisse Ihrerseits zu korrigieren.

(3) Das Anliegen des Kunden: Visualisieren Sie das Anliegen des Kunden als Mind Map. Schreiben Sie den zentralen Kundenwunsch in die Mitte der Map (zum Beispiel Erwerb eines Camcorders, vgl. Abb. 41). Notieren Sie die vom Kunden gewünschten Leistungsmerkmale oder Verwendungsmöglichkeiten (z. B. Kamera speziell für das Filmen von „Familienszenen") als einzelne Knoten um den Kundenwunsch herum und verbinden Sie diese durch Linien mit dem Zentrum. Unverzichtbare Leistungs- und Verwendungsmerkmale können von eher optionalen, sprich: verzichtbaren Merkmalen durch Farbe des Knotens, Dicke der Verbindungslinien oder räumliche Nähe zum Zentralknoten unterschieden werden.

Abb. 41: Mind Map zum Anliegen des Kunden

(4) Dem Kunden Überblick verschaffen: Nachdem Sie das Anliegen des Kunden möglichst vollständig erfasst und visualisiert haben, verschaffen Sie dem Kunden einen Überblick über die zur Auswahl stehenden Produkte. Dabei kommt es darauf an, ihn über die wichtigsten Merkmale zu informieren, nach denen die einzelnen Produkte unterschieden werden können. Die Produktmerkmale visualisieren Sie wiederum durch eine Mind Map, die Sie am besten vor dem Gespräch schon vorbereitet haben. Wenn es um den Kauf eines Camcorders geht (siehe Abb. 42), könnte die Überblicks-Map zum Beispiel Knoten über bestimmte Leistungsmerkmale (optischer und digitaler Zoom, Akkuleistung, Gewicht etc.) Preiskategorien und Serviceleistungen (Support, Garantieleistungen) enthalten.

(5) Vergleich zwischen Kundenwunsch und Überblicks-Map. Legen Sie nun die Map mit dem Kundenwunsch neben die Überblicks-Map und vergleichen Sie gemeinsam beide Maps. Durch dieses gemeinsame „Mapping" können Sie herausfinden, welche Produktmerkmale für den Kunden besonders wichtig sind, und auf welche er eher bereit ist, zu verzichten.

Abb. 42: Überblicks-Map zu wichtigen Produktmerkmalen von Camcordern

(6) Konkretisieren: Schlagen Sie ihm anschließend konkrete Produkte vor, welche die von ihm für wichtig gehaltenen Merkmale erfüllen. Sie können die Produktvorschläge als weitere Knoten in die Überblicks-Map einzeichnen und mit den Merkmalsknoten verbinden, sofern diese auf das Produkt zutreffen. Auf diese Weise kann die Zahl der in Frage kommenden Produkte systematisch eingrenzt werden. Führen Sie den Prozess des Vergleichens und des Eingrenzens von Produkten so lange fort, bis der Kunde sich für ein bestimmtes Produkt entschieden hat.

(7) Gesprächsabschluss: Beenden Sie das Gespräch, indem Sie das Ergebnis des Entscheidungsprozesses anhand der Kundenwunsch-Map und Überblicks-Map zusammenfassen. Sie geben dem Kunden so nochmals die Möglichkeit zu überprüfen, ob er in Hinblick auf seine Bedürfnisse die optimale Entscheidung getroffen hat.

Varianten

Nicht immer ist es sinnvoll, den Prozess des Eingrenzens und Ausschließens von Produkten innerhalb eines einzigen Beratungsgesprächs abzuschließen. Manchmal empfiehlt es sich, den Beratungsprozess zu unterbrechen, damit der Kunde Gelegenheit hat, sich die verschiedenen Alternativen zu Hause in Ruhe zu überlegen. In einem weiteren Gespräch kann dann gemeinsam versucht werden, eine Entscheidung herbei zu führen.

Je nach Kontext hängt die Entscheidung für ein bestimmtes Produkt von Merkmalen und Kosten anderer Produkte ab. Wenn ein Architekt beispielsweise einen Bauherrn bei der Wahl der Fenster seines Einfamilienhauses berät, sind in der Regel die Gesamtkostenkalkulation sowie besondere Merkmale des geplanten Gebäudes (handelt es sich zum Beispiel um ein Passivhaus ohne eigene Heizanlage oder um ein konventionell gebautes Haus) ausschlaggebende Faktoren. In diesem Falle ist es erforderlich, die Überblicks-Map um solche Faktoren zu erweitern. Die Komplexität der Überblicks-Map nimmt also zu, wenn eine einzelne informierte Entscheidung nicht isoliert getroffen werden kann wie im Falle des Camcorder Kaufs, sondern in einen größeren Kontext eingebettet ist und von weiteren Entscheidungen abhängt.

Typische Probleme und Lösungsmöglichkeiten

- Der Kunde bzw. Klient drängt Sie implizit oder explizit, dass Sie ihm die Entscheidung abnehmen.

  Diese Tendenz des Klienten ist vor allem bei persönlich belastenden Entscheidungssituationen nicht unproblematisch. Als Berater sollten Sie der Versuchung widerstehen, den Klienten in die eine oder andere Richtung zu drängen. Stellt es sich heraus, dass der Klient im Nachhinein mit der getroffenen Entscheidung auf Grund Ihres Rats unzufrieden ist, weil beispielsweise unvorhergesehene Folgeprobleme auftreten, macht er Sie unter Umständen dafür verantwortlich. Aus diesem Grund werden üblicherweise bei Beratungsanlässen, die für den Klienten persönlich sehr belastend sein können wie zum Beispiel die genetische Beratung, die Berater angewiesen, das Erteilen direktiver Ratschläge zu vermeiden.

- Der Kunde bzw. Klient ist unentschlossen.

  Üben Sie sich in Geduld und geben Sie Ihrem Kunden bzw. Klienten Zeit. Oft ist es nützlich, eine schwierige oder folgenreiche Entscheidung zu „überschlafen", bevor man sich festlegt. Dies gilt in der Regel auch für Verkaufsgespräche. Der Kunde wird Ihre Geduld als seriöses und Service orientiertes Verhalten wahrnehmen. Ein zu neutrales Verhalten bei der Verkaufsberatung mag Ihnen aber auch als Desinteresse am Kunden ausgelegt werden. Im Gegensatz zu persönlich belastenden Beratungsanlässen ist es bei Verkaufsgesprächen daher oft sinnvoll, dem Kunden durchaus Empfehlungen zu unterbreiten. Er wird Ihre Vorschläge als hilfreich und entlastend erleben.

5. Computergestützte Mappingverfahren

Ohne großen technischen Aufwand können Sie Maps mit Papier und Bleistift erstellen. Allerdings sind Kärtchen und Linien – einmal eingezeichnet – fast wie in „Stein gemeißelt“. Umstrukturierungen sind nur schwer möglich. Linien überkreuzen sich, ein wichtiger Gedanke passt nicht mehr an die dafür vorgesehene Stelle.

Computerprogramme versprechen hier größere Flexibilität. Was ist also besser: „Handgemalt oder mit dem Computer?“ Darüber informiert Sie das folgende Kapitel.

Außerdem finden Sie Informationen zu den folgenden wichtigen Fragen: Was leisten Mapping-Programme genau? Wie sieht die Programmoberfläche aus? Wie bedienungsfreundlich sind die Programme?

Eine knappe Gegenüberstellung gängiger Computerprogramme zum Mind- und Concept Mapping finden Sie in dem Kapitel „Softwareüberblick“. Einen Blick auf die Oberfläche einzelner Programme können Sie anschließend im Kapitel „Mapping-Werkzeuge“ im Detail werfen. Dort finden Sie auch eine kurze Beschreibung der einzelnen Produkte.

5.1 Handgemalt oder mit dem Computer?

Concept Maps und Mind Maps können sowohl auf dem Papier mit Bleistift und Farben oder mit einer Software auf dem PC erstellt werden. Beide Arten haben je nach Aufgabe und Einsatz ihre Vor- und Nachteile. Folgende Kriterien sollen Ihnen die Entscheidung erleichtern.

Flexibilität: Wenn Sie Ihre Maps oft verändern, ist das Zeichnen auf Papier ungünstig. Mit dem PC erstellte Maps können leicht verändert werden. Einen Mittelweg stellt das Zeichnen auf Kärtchen dar, allerdings müssen auch dort die Kärtchen am Ende festgeklebt oder fotografiert werden.

Übersichtlichkeit: Beim Zeichnen auf Papier ist es schwierig, unwichtige Knoten wieder zu entfernen. Oft kann man es nicht vermeiden, die Map noch einmal neu zu zeichnen, um den Überblick nicht zu verlieren. Bei Software-Programmen können Sie die Kärtchen so lange verändern und verschieben, bis eine übersichtliche Anordnung erreicht ist.

Vervielfältigen: Bei Computer-Maps können Sie Ihre Maps ohne Qualitätsverlust vervielfältigen oder per E-Mail versenden.

Zeitaufwand: Maps auf Papier sind sehr schnell gezeichnet, aber wenn Veränderungen entstehen, wird es schwierig und zeitaufwändig. Bei Computer-Maps muss eventuell zunächst der PC hochgefahren werden. Außerdem können technische Probleme auftreten.

Einarbeitung: Ein Nachteil von Computerprogrammen ist die oft etwas komplizierte Bedienung. Man benötigt eine gewisse Einarbeitungszeit bis Maps erstellt, gespeichert und ausgedruckt werden können. Paper & Pencil Maps sind einfach und schnell zu lernen.

Unabhängigkeit: Ist räumliche und zeitliche Unabhängigkeit gefragt, schneidet die Software schlechter ab. Man ist immer auf einen Rechner angewiesen.

Individualität: Auf ein Blatt Papier können leicht eigene Skizzen oder Bilder gezeichnet werden. Bei PC-Programmen ist man auf Standard-Bildersammlungen angewiesen. Einscannen und Einfügen ist meist zu umständlich.

5.1.1 Softwareüberblick

Die Tab. 4 (S. 146f.) stellt eine Zusammenstellung uns bekannter Software dar. Aktuelle Informationen erhalten Sie unter den dort angegebenen Internetadressen. Falls eine Internetadresse veraltet sein sollte, empfehlen wir Ihnen, in eine Suchmaschine den Namen des Programms zum Beispiel „Axon Idea Processor" evtl. zusammen mit dem Begriff „Download" einzugeben.

Eine umfassendere Übersicht erhalten Sie unter der Internetadresse http://www.mapyourmind.com/software.htm.

Eine objektive Bewertung des Funktionsumfangs ist nicht leicht. Viele Programme haben so viele Funktionen, dass es schwer ist, darunter eine vergleichbare Auswahl zu treffen. So kann zum Beispiel der große Funktionsumfang zu einer längeren Einarbeitungszeit und komplexeren Bedienung führen.

5.2 Die Mapping-Werkzeuge im Detail

Im Folgenden finden Sie eine Beschreibung der wichtigsten handelsüblichen Mapping-Programme. Bildschirmkopien erlauben Ihnen einen Blick auf die Programmoberfläche. Auf besonders praktische Funktionen der einzelnen Programme wird kurz eingegangen.

5.2.1 Inspiration®

Inspiration® (Abb. 43) enthält eine sehr große Auswahl an Bildern und Symbolen. Mit der „Rapid-Fire" Eingabetechnik kann der Anwender rasch aufeinander folgende Einfälle durch Return getrennt eingeben. Inspiration® übernimmt anschließend selbst die graphische Umsetzung.

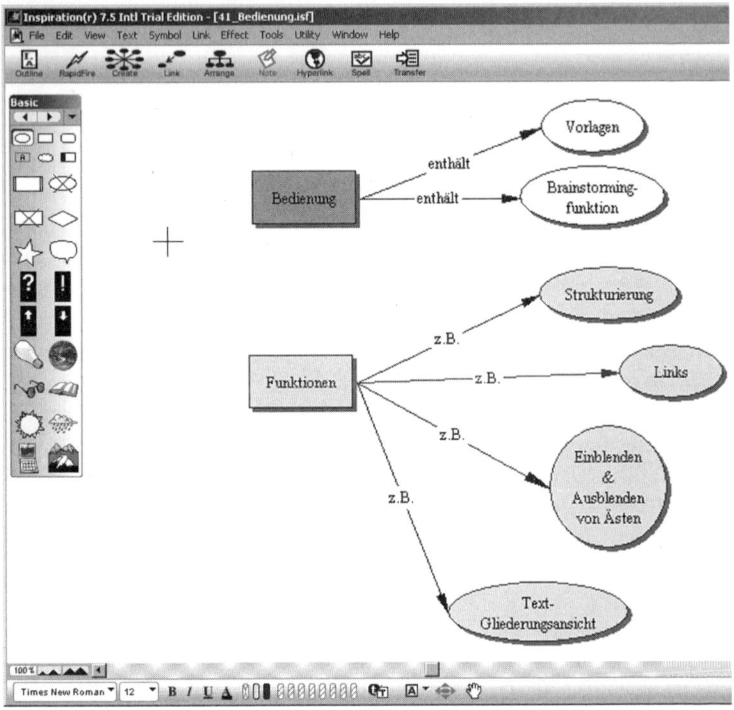

Abb. 43: Programmoberfläche von Inspiration® 7.5

Mit Hilfe von Restrukturierungsmöglichkeiten kann der Anwender seine Map schnell in eine bestimmte Diagrammstruktur oder Gliederungsansicht transformieren (Abb. 44).

Inspiration® besticht durch seine hohe Flexibilität und Unterstützung bei der räumlichen Gestaltung und Anordnung von Concept Maps. So können Konzepte unter anderem zentral oder dezentral, als hierarchische Baumstruktur, Netzstruktur, etc. angeordnet werden.

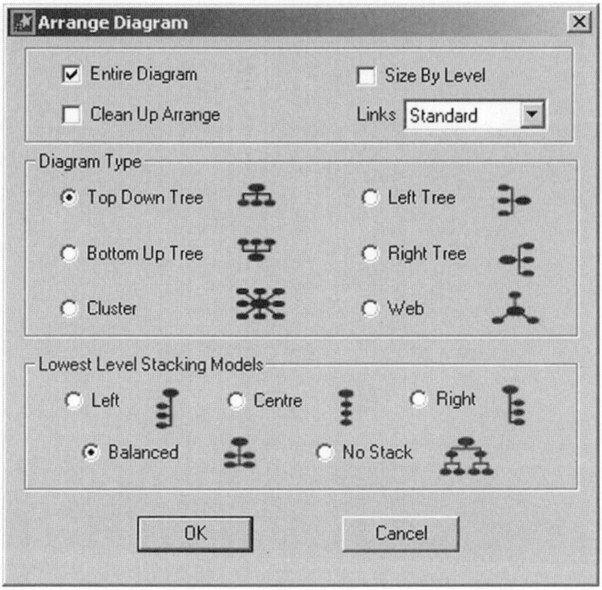

Abb. 44: Räumliche Gestaltungsmöglichkeiten mit Inspiration® 7.5

5.2.2 MindManager®

MindManager® (Abb. 45) verfügt über eine sehr gute Auswahl von Symbolen. Die Export- und Importfunktionen sind hervorragend. So können zum Beispiel Dateien aus dem Windows-Explorer® direkt in MindManager® gezogen werden. MindManager® erstellt daraus einzelne Zweige, die mit den Dateien verlinkt sind.

Zweige des selben Astes können jeweils sehr effizient durch Return hinzugefügt und beschriftet werden. Der Nutzer braucht sich dabei nicht um die räumliche Anordnung dieser Äste zu kümmern, dies übernimmt MindManager®. Einzelne Äste können in ihrer Reihenfolge verändert werden (z. B. den Ast Didaktik zwischen Ziele und Grobgliederung schieben). Das räumliche Anordnen übernimmt MindManager® selbst.

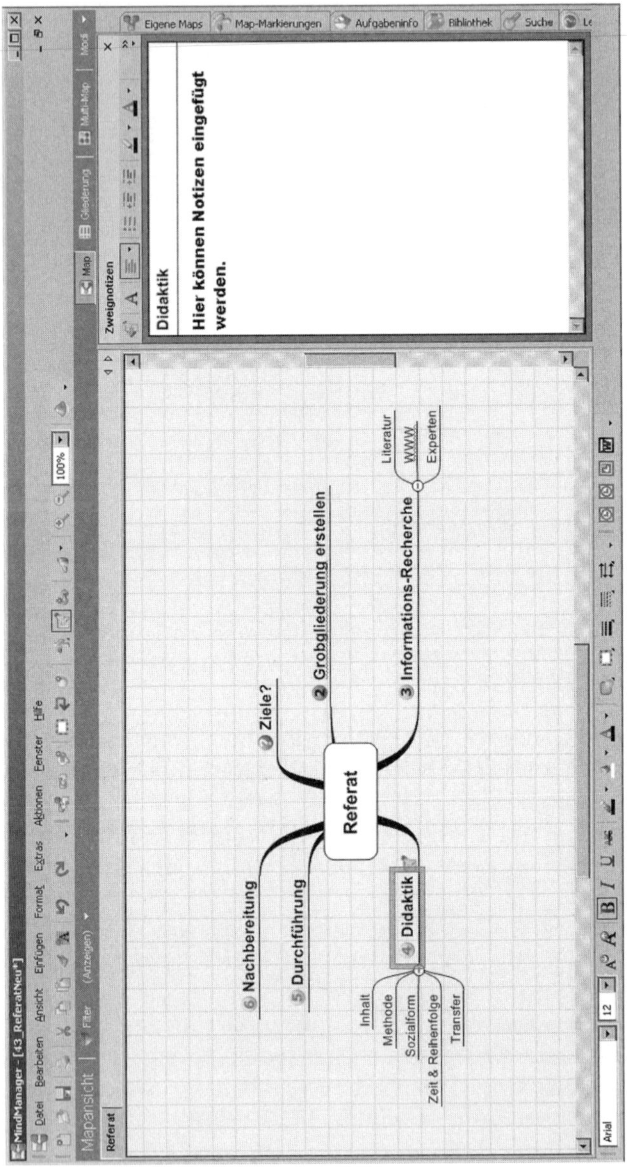

Abb. 45: Programmoberfläche von MindManager® 2002

5.2.3 Axon®

Axon® (Abb. 46) wird von den Autoren als „Idea Processor" bezeichnet: Es soll die Entwicklung und Ausarbeitung von Ideen, die Lösung komplexer Probleme und Auseinandersetzung mit schwierigen Fragestellungen erleichtern. Axon® zeichnet sich durch eine große Funktionsvielfalt aus, die weit über das eigentliche Mapping hinausgeht. Sowohl das Auffinden (z. B. durch Checklisten), Aufschreiben (z. B. Brainwriter), Organisieren und Analysieren von Ideen wird unterstützt.

Ergänzend zu den Mappingmöglichkeiten (Concept Mapping, Mind Mapping) stehen weitere Werkzeuge wie z. B. Checklisten und Rechenmöglichkeiten (siehe Abb. 47) zur Verfügung. Interessant ist beispielsweise die Möglichkeit, Entscheidungsbäume und Kalkulationen zu visualisieren und auszuwerten. Auf Grund der Funktionsvielfalt und Komplexität erfordert die Bedienung eine längere Einarbeitungszeit.

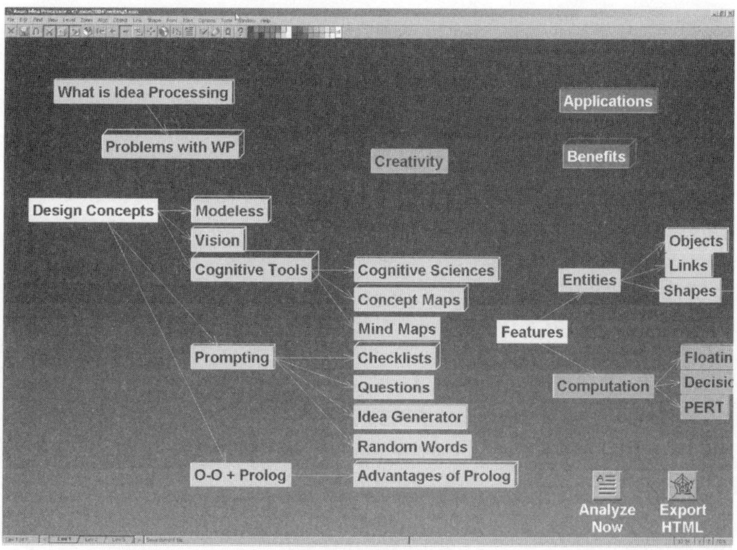

Abb. 46: Programmoberfläche von Axon®

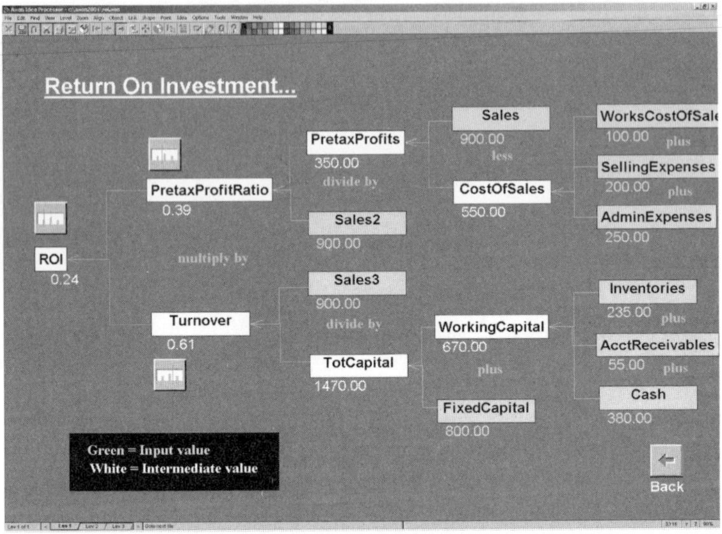

Abb. 47: Rechenmöglichkeiten von Axon®

5.2.4 Easy-Mapping-Tool

Das Easy-Mapping-Tool (Abb. 48) ist das Produkt zweier der Autoren dieses Buchs. Oberstes Prinzip sind Einfachheit und Effizienz in der Bedienung: Kärtchen können durch einfaches Anklicken an einer beliebigen Stelle der Zeichenfläche (mit der linken Maustaste) eingefügt werden. Linien richten sich automatisch an der Mitte aus und können mit einem Mausklick erstellt werden. Ausrichtungsfunktionen helfen markierte Kärtchen horizontal, vertikal sowie gleichmäßig zu verteilen. Einzelne Kärtchen können zum Beispiel bei einem Vortrag eingeblendet oder bei einem Brainstorming ausgeblendet werden. Aufgrund seiner geringen Dateigröße passt dieses Werkzeug auf jede Diskette. Es muss nicht installiert werden, sondern kann direkt von Diskette oder USB-Stick per Doppelklick gestartet werden. Besonders interessant ist die Möglichkeit, die Basis-Version dieses Programms kostenlos im Internet zu nutzen und Concept Maps mit Kollegen auszutauschen. Dazu benötigt man lediglich einen Browser.

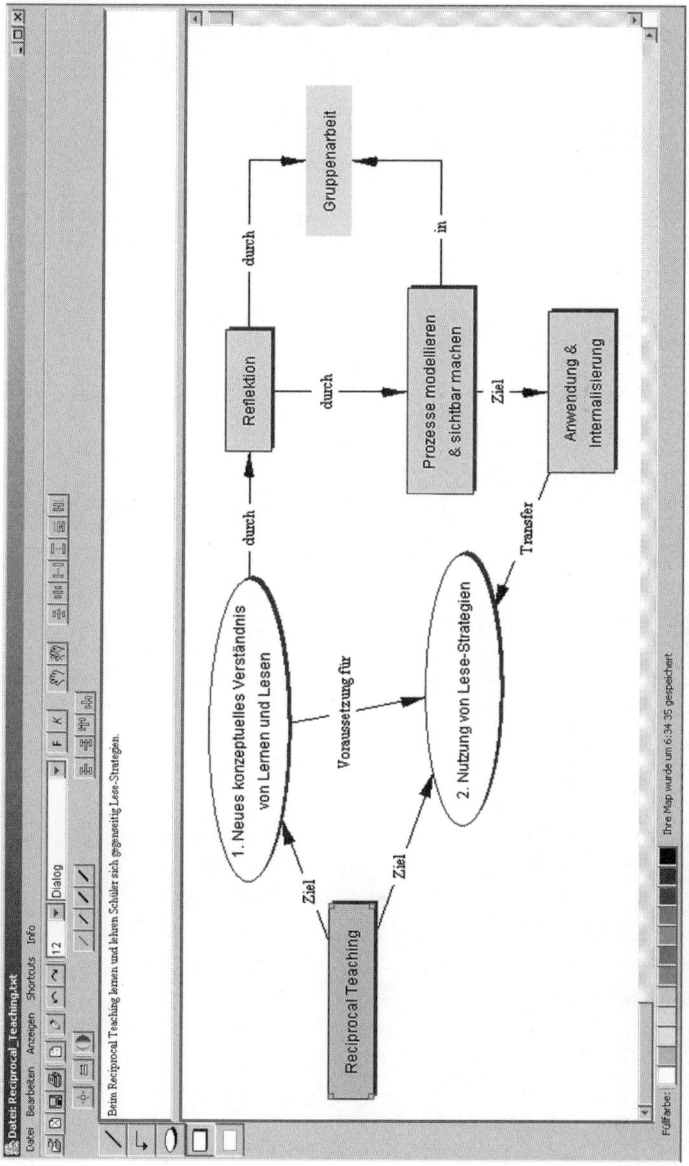

Abb. 48: Programmoberfläche des Easy-Mapping-Tools

	Inspiration	MindManager 2002 Business	Axon Idea Processor	Easy-Mapping-Tool
Allgemeine Informationen				
Internetadresse http:// ...	www.inspiration.com	www.mindjet.com	web.singnet.com.sg/~axon2000/	www.cognitive-tools.de
Preis[1]	102 €	230,84 €	160.00 $	39,90 €
Sprache	Englisch	Deutsch	Englisch	Deutsch
Mind Map (MM)/ Concept Map (CM)	CM	MM	MM/CM	CM
Empfohlene Anwendungsbereiche	Planung, Gliederung, Brainstorming	Brainstorming, Gliederung, synchrone Kooperation, Präsentation, Wissensmanagement	Wissensmanagement, graphisch unterstützte Kalkulation	Brainstorming, Strukturierung, Planung, asynchrone Kooperation
Bemerkungen	Möglichkeit, Inhalte der Map als Textgliederung anzuzeigen	Automatisierte räumliche Anordnung, Modus zur Gestaltung von Präsentationen	„Intelligenter Idea-Processor": Möglichkeit, Entscheidungsbäume und Ablaufdiagramme auszuwerten	Funktion zum Ein- und Ausblenden von Kärtchen

	Inspiration	MindManager 2002 Business	Axon Idea Processor	Easy-Mapping-Tool
Funktionsumfang				
• Brainstorming	✓	✓	✓	✓
• Notizfunktion	✓	✓	✓	✓
• Grafik-Bibliothek	✓	✓		
• Hyperlinks	✓	✓	✓	✓
• Kooperation		✓		
• Zoom	✓	✓	✓	✓

[1] Preisangaben ohne Gewähr

Tab. 4: Softwareüberblick

Weitere empfehlenswerte Links

Eine umfassende und empfehlenswerte Informationsquelle zu Mind Maps bietet http://www.mindmap.ch.

Die Mind Map-User-Group http://www.mugd.de bietet interessante Informationen, Mailinglisten und Links zum Thema Mind Maps.

Online Concept Maps erstellen und abspeichern können sie kostenlos unter http://www.cognitive-tools.de.

Stichwortverzeichnis

Buchanzeigen

Schabert/Lattke

Der Bewerbungsratgeber

Praktische Tipps für Wiedereinsteiger und Absolventen.

1.A. 2001. 145 S.
€ 8,50. dtv 50856 €

Reinker

Das Job-Lexikon

Erste Hilfe für den Berufsstart.
Informationen, praktische Tipps, Denkanstöße sowie eine Übersicht über die tiefsten Fettnäpfe und die cleversten Tricks.

1.A. 2004. 768 S.
€ 19,50. dtv 50878 €

Neu im Juni 2004

Lee

Jobsuche weltweit

Global Job-Seeking Strategies in English. Bewerben in englischer Sprache. Mit Informationen zu Arbeitsmärkten, Branchen, Gehältern, Einreisebestimmungen, Arbeitserlaubnis, Förderprogrammen, Arbeitsverträgen, Sozialabgaben, Recherchemöglichkeiten u.v.m.

1.A. 2004. Rd. 200 S.
Ca. € 10,–. dtv 50867 €

In Vorbereitung für Sommer 2004

Mensch und Beruf

Cassens

Work-Life-Balance

Wie Sie Ihr Berufs- und Privatleben in Einklang bringen.
Möglichkeiten für ein System zur erfolgreichen Bewältigung Ihrer individuellen Aufgaben und zur Vermeidung von Zivilisationskrankheiten.

1.A. 2003. 214 S.
€ 9,50. dtv 50872 €

Knieß

Kreatives Arbeiten

Methoden und Übungen zur Kreativitätssteigerung.

1.A.1995. 228 S.
€ 8,64. dtv 5873 €

Hugo-Becker/Becker

Motivation

Neue Wege zum Erfolg.

1.A.1997. 419 S.
€ 10,17. dtv 5896 €

Haug

Erfolgreich im Team

Praxisnahe Anregungen für effiziente Team- und Projektarbeit.
Mit Diagnose von Erfolgsfaktoren und konkreten Hilfestellungen.

3.A. 2003. 187 S.
€ 9,–. dtv 5842 €

Bender

Teamentwicklung

Der effektive Weg zum „Wir".
Systematische Führung durch die Phasen der Teamentwicklung mit Anleitung für effiziente Teamleitung.

1.A. 2002. 284 S.
€ 12,50. dtv 50858 €

Mensch und Beruf

Fuchs-Brüninghoff/Gröner
Zusammenarbeit erfolgreich gestalten
Eine Anleitung mit Praxisbeispielen.
1.A.1999. 203 S.
€ 9,15. dtv 50834 €

Lang
Schlüsselqualifikationen
Handlungs- und Methodenkompetenz, personale und soziale Kompetenz.
Wie mehr Menschlichkeit am Arbeitsplatz zu mehr Wirtschaftlichkeit führt.
1.A. 2000. 600 S.
€ 15,08. dtv 50842 €

Zander/Femppel
Praxis der Personalführung
Was Sie tun und lassen sollten. Das Was und Wie der Personalführung,
99 Tipps, Fallbeispiele, Führungsgrundsätze.
1.A. 2001. 129 S.
€ 8,50. dtv 50841 €

Lobscheid
Mitarbeiter einvernehmlich führen
Dieser Wirtschaftsberater zeigt, wie durch positives Führungsverhalten Zufriedenheit und Erfolgsorientierung entstehen und auch Verantwortungsbereitschaft.
2.A.1998. 253 S.
€ 8,64. dtv 5848 €

Hugo-Becker/Becker
Psychologisches Konfliktmanagement
Menschenkenntnis – Konfliktfähigkeit – Kooperation.
3.A. 2000. 411 S.
€ 10,17. dtv 5829 €

Schanz/Gretz/Hanisch/Justus
Alkohol in der Arbeitswelt
Fakten – Hintergründe – Maßnahmen.
1.A.1995. 281 S.
€ 8,64. dtv 5879 €

Mentzel
Personalentwicklung
Erfolgreich motivieren, fördern und weiterbilden. Bedarfsfeststellung, Planung und Durchführung der Förder- und Bildungsmaßnahmen, Kosten- und Erfolgskontrolle.
1.A. 2001. 312 S.
€ 10,–. dtv 50854 €

Drzyzga
Personalgespräche richtig führen
Ein Kommunikationsleitfaden. Der rasche Überblick über die fachlichen und psychologischen Faktoren des Gesprächs mit Mitarbeitern.
1.A. 2000. 148 S.
€ 8,64. dtv 50840 €

Weisbach
Professionelle Gesprächsführung
Ein praxisnahes Lese- und Übungsbuch.
Wie das Gespräch als Mittel der Führung zweckmäßig, zielorientiert und rationell genutzt werden kann.
Für Führungskräfte und alle, die es werden wollen.
6.A. 2003. 494 S.
€ 12,–. dtv 5845 €

Zander/Femppel
Praxis der Mitarbeiter-Information
Effektiv integrieren und motivieren. Motivation von Mitarbeitern mit gezielter und empfängerorientierter Information.
1.A. 2002. 103 S.
€ 8,50. dtv 50860 €

Mensch und Beruf

Neuhäuser-Metternich
Kommunikation im Berufsalltag
Verstehen und verstanden werden.
1.A.1994. 300 S.
€ 8,64. dtv 5869

Jeske
Erfolgreich verhandeln
Grundlagen der Verhandlungsführung.
1.A.1998. 238 S.
€ 8,64. dtv 50824

Haberzettl/Birkhahn
Moderation und Training
Ein praxisorientiertes Handbuch.
Das Buch zeigt eine Auswahl hocheffektiver Methoden des NLP und anderer Verfahren so, dass sie unmittelbar anwendbar und sofort umsetzbar sind.
1.A. 2004. 288 S.
€ 12,50. dtv 50866

Mentzel
Rhetorik
Sicher und erfolgreich sprechen.
Bausteinsystem für die Vorbereitung und Durchführung eines Vortrags. Zahlreiche Übungen, um die vorgestellten Regeln und Empfehlungen im Einzel- oder Gruppentraining zu vertiefen.
1.A. 2000. 228 S.
€ 8,44. dtv 50845

Nückles/Gurlitt/Pabst/Renkl
Mind Maps und Concept Maps
Visualisieren, Organisieren, Kommunizieren.
Mit Lern- und Arbeitstechniken das individuelle und kooperative Wissensmanagement auf einfache wie effektive Weise unterstützen.
1.A. 2004. 162 S.
€ 9,50. dtv 50877
Neu im August 2004

Klotzki
Wie halte ich eine gute Rede?
In 7 Schritten zum Publikumserfolg.
Perfektes Reden kann jeder lernen. Das Buch zeigt die richtige Technik und liefert das nötige Handwerkszeug für die schnelle Anwendung in der Praxis.
1.A. 2004. 116 S.
€ 8,–. dtv 50873

Breger/Grob
Präsentieren und Visualisieren
... mit und ohne Multimedia.
Detaillierte Schilderung unterschiedlicher Präsentationsmöglichkeiten bis hin zur aufwendigen Multimediapräsentation.
1.A. 2003. 265 S.
€ 11,–. dtv 50855

P133185-S26.3

Mensch und Beruf

Barth
Telefonieren mit Erfolg

Die Kunst des richtigen Telefonmarketing.
Dieser Berater betrachtet Telefonmarketing als Wirtschaftsfaktor und Marketing-Instrument und führt in die Grundlagen der Kommunikation ein. Bewährte Methoden und Tricks werden ebenso vorgestellt wie kluge Fragetechniken.

1.A. 2001. 143 S.
€ 7,50. dtv 50846

Briese-Neumann
Erfolgreiche Geschäftskorrespondenz

Perfektion in Form und Stil.
Dieser Ratgeber liefert das Handwerkszeug für professionelle Korrespondenz und für das Texten generell.

2.A. 2001. 303 S.
€ 10,–. dtv 5878

Briese-Neumann
Optimale Sekretariatsarbeit

Büroorganisation und Arbeitserfolg.
Ein Leitfaden für Chefs und Sekretariatsmitarbeiter. Mit Checklisten, Tipps und Beispielen.

1.A.1998. 308 S.
€ 10,17. dtv 50804

Baumert
Professionell texten

Tipps und Techniken für den Berufsalltag.
In kleinen und mittleren Unternehmen müssen viele Mitarbeiter mit ihren Texten die Firma wirksam vertreten und schreiben wie die Profis, ohne dies wirklich erlernt zu haben. Hier hilft das Buch mit handfesten Erklärungen.

1.A. 2003. 222 S.
€ 10,–. dtv 50868

Assig
Frauen in Führungspositionen

Die besten Erfolgskonzepte aus der Praxis.
„Warum Frauen in der Wirtschaft zunehmend gefragt sind – nein, besser: wären? Dorothea Assigs Buch führt eine ganze Reihe von Argumenten auf – nicht aus der Hüfte geschossen, sondern wissenschaftlich fundiert."
Süddeutsche Zeitung

1.A. 2001. 252 S.
€ 10,–. dtv 50849

Betriebs- und Volkswirtschaft, Wirtschaftsrecht

FRAGEN UND ANTWORTEN FÜR DAS MANAGEMENT

Rechtliche Grundlagen

HGB · Handelsgesetzbuch

ohne SeehandelsR, mit EinführungsG, PublizitätsG, Wechsel- und ScheckG, WertpapierhandelsG.
Stand: 1.2.2004.

Textausgabe.
41.A. 2004. 307 S.
€ 3,50. dtv 5002

Neu im April 2004

HandelsR · Handelsrecht

u.a. mit Handelsgesetzbuch, Bürgerlichem Gesetzbuch (Auszug), UN-Kaufrecht, Allg. Geschäftsbedingungen der Banken, Allg. Deutsche Spediteurbedingungen sowie verfahrensrechtliche Vorschriften.

Textausgabe.
3.A. 2003. 741 S.
€ 13,–. dtv 5599

GesR · Gesellschaftsrecht

mit AktienG, GmbH-Gesetz, GenossenschaftsG, Handelsgesetzbuch (Auszug), PartnerschaftsgesellschaftsG, EWIV-VO mit EWIV-AusführungsG, Wertpapiererwerbs- und ÜbernahmeG, Deutscher Corporate Governance Kodex u.a. sowie den wichtigsten Vorschriften aus den Bereichen Rechnungslegung, Umwandlungs-, Mitbestimmungs- und Verfahrensrecht.

Textausgabe.
6.A. 2004. 677 S.
€ 10,50. dtv 5585

Neu im April 2004

GenR · Genossenschaftsrecht

u.a. mit GenossenschaftsG, GenossenschaftsregisterVO, UmwandlungsG (Auszug), KreditwesenG, LandwirtschaftsanpassungsG.

Textausgabe.
3.A. 2003. 448 S.
€ 12,50. dtv 5584

AktG, GmbHG · Aktiengesetz, GmbH-Gesetz

mit UmwandlungsG, Wertpapiererwerbs- und ÜbernahmeG, Mitbestimmungsgesetzen.
Stand: 8.9.2003.

Textausgabe.
36.A. 2003. 451 S.
€ 5,50. dtv 5010

Ek
Aktiengesellschaften

Gründung, Leitung, Börsengang.
Ratgeber für alle, die eine AG gründen, sich an einer bestehenden AG beteiligen, als Vorstand eine AG leiten oder ein Aufsichtsratsmandat übernehmen möchten.

1.A. 2002. 271 S.
€ 10,50. dtv 5684 §

P133185-S34

WettbR · Wettbewerbsrecht und Kartellrecht

Gesetz gegen den unlauteren Wettbewerb (UWG), ZugabeVO, RabattG mit DurchführungsVO, PreisangabenVO, MarkenG, MarkenVO, GemeinschaftsmarkenVO, ErstreckungsG, Gesetz gegen Wettbewerbsbeschränkungen (GWB) sowie die wichtigsten wettbewerbsrechtlichen internationalen Übereinkommen und Vorschriften der Europäischen Gemeinschaft.
Stand: 15.1.2003.

Textausgabe.
24.A. 2003. 511 S.
€ 9,–. dtv 5009

PatR · Patent- und Musterrecht

Deutsches und europäisches Patentrecht, Arbeitnehmererfindungsrecht, Gebrauchsmusterrecht, Geschmacksmusterrecht und Internationale Verträge.

Textausgabe.
7.A. 2004. 681 S.
€ 11,–. dtv 5563

Neu im August 2004

UrhR · Urheber- und Verlagsrecht

UrheberrechtsG, VerlagsG, Recht der urheberrechtlichen Verwertungsgesellschaften, Internationales Urheberrecht, EG-Recht.
Stand: 15.9.2003.

Textausgabe.
10.A. 2003. 570 S.
€ 11,–. dtv 5538

Schulze

Meine Rechte als Urheber

Urheber- und Verlagsrecht. Geschützte Werkarten und Leistungen, Urheberrechtsschutz, Geschmacksmusterschutz, Leistungsschutz, Verwertungsrechte, Urheberpersönlichkeitsrechte, Nutzungsverträge, Verlagsvertrag, Durchsetzung der Rechte, Geltungsbereich.

4.A. 2001. 336 S.
€ 10,–. dtv 5291 §

Harke

Ideen schützen lassen?

Patente, Marken, Design, Werbung, Copyright.
Der Ratgeber zeigt Erfindern, Gestaltern und Urhebern sowie den Umsetzern und Verwertern, ob und wie sie ihre Rechte an Werken und Ideen schützen und im Konfliktfall durchsetzen können.

1.A. 2000. 701 S.
€ 15,–. dtv 5642 §

GewO · Gewerbeordnung

mit sämtlichen DurchführungsVOen, HandwerksO, GaststättenG, LadenschlussG, ArbeitsschutzG, Bundes-ImmissionsschutzG, ArbeitszeitG, SchwarzarbeitsG u.a.

Textausgabe.
34.A. 2003. 479 S.
€ 7,50. dtv 5004

Gruber
Mein Recht als Gastwirt und Hotelier

Gastwirtschaften, Hotels und Pensionen eröffnen und betreiben.
Konzession und Sperrzeit, Verträge mit Gästen, Verpächtern und Lieferanten, Haftung und Pflichten, Arbeitsverhältnisse.

2.A. 2000. 191 S.
€ 9,97. dtv 5635 §

Stötter
Das Recht der Handelsvertreter

Vertrag, Provision, Wettbewerbsverbot.

5.A. 2000. 360 S.
€ 10,99. dtv 5210 §

InsO · Insolvenzordnung

Insolvenzordnung, Einführungsgesetz zur InsO (Auszug), Europäische InsolvenzverfahrensVO, Insolvenzrechtliche VergütungsVO, BekanntmachungsVO, VerbraucherinsolvenzVO, VordruckVO, Anfechtungsgesetz.

Textausgabe.
8.A. 2003. 208 S.
€ 8,–. dtv 5583

Haarmeyer
Guter Rat bei Insolvenz

Problemlösungen für Schuldner und Gläubiger.
Was Schuldner und Gläubiger tun können, wie man Krisen frühzeitig erkennt und abwendet, wie man im Insolvenzverfahren Risiken vermeidet und seine Rechte wahrt.

2.A. 2004. 327 S.
€ 12,50. dtv 50626 §

Neu im Juli 2004

Starthilfen für Unternehmer

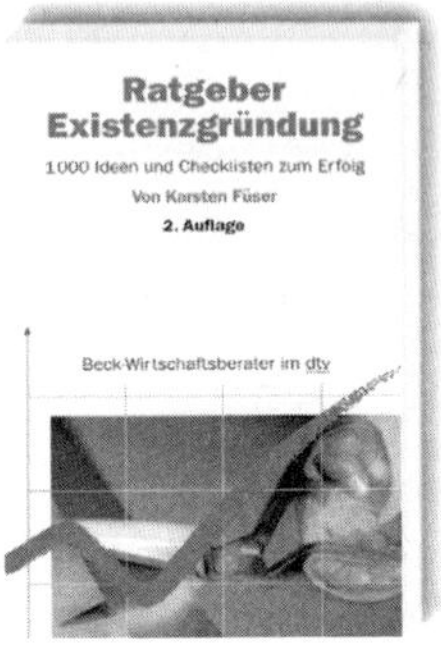

Füser
Ratgeber Existenzgründung

1000 Ideen und Checklisten zum Erfolg.
Eine Fülle von Anregungen für unternehmerisch denkende Praktiker.

2.A. 2004. 490 S.
€ 13,–. dtv 50828 €

Neu im Juni 2004

Bonnemeier
Praxisratgeber Existenzgründung

Erfolgreich starten und auf Kurs bleiben.
Konkrete Handlungsempfehlungen für alle Phasen der Existenzgründung und die erste Zeit danach.

1.A. 2004. Rd. 650 S.
Ca. € 19,50. dtv 50874 €

In Vorbereitung für Sommer 2004

P133185-S36.2

Schaub/Koch
Ich mache mich selbständig
Hürden nehmen – Chancen nutzen.
Ein umfassender Überblick über die öffentlich-rechtlichen und privatrechtlichen Rahmenbedingungen für den Schritt in die Selbständigkeit.
6.A. 2004. Rd. 640 S.
Ca. € 15,–. dtv 5236
In Vorbereitung für Sommer 2004

Hammer
Existenzgründung in der EU
Ein Wegweiser für den Schritt in die Selbständigkeit in 15 Staaten.
1.A.1999. 323 S.
€ 15,29. dtv 5899

Grimm
Existenzgründung in den USA
Standort, Rechtsform, Finanzierung, Personal.
1.A.1999. 360 S.
€ 15,29. dtv 50826

Hammer
Soll ich mich selbständig machen?
Chancen und Risiken bei der Neugründung, Geschäftsübernahme oder Beteiligung, Standortwahl, Finanzierung, Recht, Marketing und Controlling.
3.A.1997. 260 S.
€ 8,64. dtv 5853

Wikner/Schwarz/Schneider
Existenzgründung für junge Leute
Von innovativen Gründungsideen zum Unternehmenskonzept.
1.A. 2000. 278 S.
€ 10,17. dtv 50839

Geigenberger
Risikokapital für Unternehmensgründer
Der Weg zum Venture Capital.
1.A.1999. 246 S.
€ 12,73. dtv 50832

Ridinger/Uckel
Öffentliche Finanzierungshilfen
Wege durch den Förderdschungel.
Der Ratgeber gibt konkrete Tipps von der Informationsbeschaffung bis zur Antragstellung.
1.A. 2001. 201 S.
€ 10,–. dtv 50847

Waldner/Wölfel
So gründe und führe ich eine GmbH
Vorteile nutzen – Risiken vermeiden.
Haftungsbeschränkung, Gründungsvoraussetzungen, Vertragsgestaltung, Geschäftsführer, Gesellschafterversammlung, Liquidation, Steuer- und Kostenrecht.
7.A. 2003. 227 S.
€ 9,50. dtv 5278

Dieterle/Winckler
Gründungsplanung und -finanzierung
Voraussetzungen für den Gründungserfolg.
Der Unternehmensgründer, Planung und Organisation, Markt, Personal/Recht, Finanzierung, Rechnungswesen.
3.A. 2000. 508 S.
€ 14,–. dtv 5813

Sattler
Unternehmerisch denken lernen

Das Denken in Strategie, Liquidität, Erfolg und Risiko.
Wie sichern Unternehmen unmittelbar ihre Existenz? Woran erkennt man erfolgreiche Unternehmen? Was muss man wissen, um langfristig Erfolg zu haben?

2.A. 2003. 217 S.
€ 10,–. dtv 50819

Kaufmann/Biendara
Erfolgreich selbständig bleiben

Die ersten Jahre nach dem Unternehmensstart.
Planung des Aufbaus eines Unternehmens für die nächsten drei Jahre. Ermittlung und Abstimmung der wesentlichen Faktoren für die Entwicklung des Unternehmens im Rahmen einer strategischen Gesamtplanung. Wichtige Einzelfragen der Unternehmensführung.

1.A. 2001. 327 S.
€ 11,–. dtv 5889

Arnold
Das Franchise-Seminar

Selbständig mit Partner. Eine Orientierung für Unternehmensgründer.

2.A.1998. 258 S.
€ 9,15. dtv 5831

Waldner/Wölfel
GbR · OHG · KG

Gründen - Betreiben - Beenden.
Gesellschaft des bürgerlichen Rechts, Offene Handelsgesellschaft, Kommanditgesellschaft, GmbH & Co. KG. Vertragsgestaltung, Geschäftsführung und Vertretung, Haftung, Liquidation, Steuer- und Kostenrecht.

6.A. 2004. 237 S.
€ 9,–. dtv 5294 §

Bombita/Steindl
Steuerwissen für Existenzgründer

Praktische Tipps zu Steuern, Recht und Sozialversicherung.
Die Autoren zeigen Gefahren und Tücken des komplizierten Steuerrechts auf und helfen mit verständlichen Anregungen, Beispielen und Checklisten, häufige Fehler in der Startphase zu vermeiden.

3.A. 2004. Rd. 300 S.
Ca. € 12,50. dtv 50831

In Vorbereitung für Sommer 2004

Buchhaltung, Rechnungswesen, Controlling

Herrling/Mathes
Der Buchführungs-Ratgeber
Grundlagen und Beispiele. Schritt für Schritt vom Controlling über Beschaffungs-, Umsatzsteuer-, Wechsel- und Personalkostenbuchungen bis hin zu den notwendigen Jahresabschlussarbeiten. Mit Übungsaufgaben und Lösungen.

4.A. 2001. 406 S.
€ 12,50. dtv 5836

Schöne
Bilanzierung in Fallbeispielen
Grundlagen, Fälle und Lösungen zur Handels- und Steuerbilanz.
Der Band ist ein Übungsbuch zur Bilanzierung nach Handels- und Steuerrecht sowie eine Einführung in das Arbeiten mit Gesetzestexten.

1.A.1998. 182 S.
€ 7,62. dtv 50818

Schultz
Basiswissen Rechnungswesen
Buchführung, Bilanzierung, Kostenrechnung, Controlling. Grundlagen der Unternehmensführung.
Dieser Überblick über das gesamte betriebliche Rechnungswesen zeigt mit Beispielen und Übersichten die Verzahnung von Buchführung, Bilanzierung, Kostenrechnung und Controlling.

3.A. 2003. 279 S.
€ 10,–. dtv 50815

Scheffler
Lexikon der Rechnungslegung
Begriffe zu Buchführung, Finanzen, Jahres- und Konzernabschluss.
Dieses Lexikon ist Nachschlagewerk und Ratgeber für alle Fragen zur Darstellung und Beurteilung der Vermögens-, Finanz- und Ertragslage von Unternehmen und Konzernen.

1.A.1999. 411 S.
€ 12,73. dtv 50814

Tanski
Internationale Rechnungslegungsstandards
IAS/IFRS Schritt für Schritt. Viele Beispiele und grafische Übersichten machen das Verständnis der IAS (International Accounting Standards) leicht und zeigen die markanten Unterschiede zur HGB-Bilanzierung.

1.A. 2002. 379 S.
€ 12,50. dtv 50852

Jossé
Basiswissen Kostenrechnung
Kostenarten, Kostenstellen, Kostenträger, Kostenmanagement. Die bewährten Systeme der Kostenrechnung.

3.A. 2003. 266 S.
€ 9,50. dtv 50811

Scheffler

Bilanzen richtig lesen

Rechnungslegung nach HGB und IAS/IFRS. Bilanz, Bewertung, Gewinn- und Verlustrechnung, Bilanzanalyse, Bilanzpolitik.

6.A. 2004. 404 S.
€ 11,–. dtv 5827

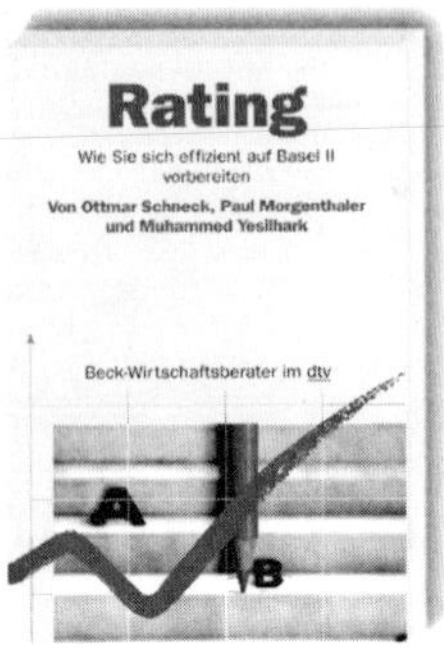

Schneck/Morgenthaler/Yesilhark

Rating

Wie Sie sich effizient auf Basel II vorbereiten. Wie läuft ein Rating ab, wie lauten die Fragen an das Unternehmen, welche Kriterien sind maßgeblich, und wie kann man sich als Unternehmen darauf vorbereiten? Mit Beispielen, Fällen und Anwendungsberichten.

1.A. 2003. 232 S.
€ 13,–. dtv 50871

Horváth & Partners

Das Controllingkonzept

Der Weg zu einem wirkungsvollen Controllingsystem. Wie setzt man Controlling in die Praxis um? Arbeitsschritte und Fallbeispiele.

5.A. 2003. 324 S.
€ 10,–. dtv 5812

Thomas

Praxis der Betriebsorganisation

U.a. zur Leitungsspanne, Stellenbeschreibung, Linie, Stab- und Matrixorganisation.

2.A.1996. 247 S.
€ 8,64. dtv 5839

Witt/Witt

Controlling für Mittel- und Kleinbetriebe

Bausteine und Handwerkszeug für Ihren Controllingleitstand.

2.A.1996. 488 S.
€ 12,73. dtv 5858

Witt

Controlling-Lexikon

Von ABC-Analyse bis Zwischenbericht. Das Controlling-Lexikon zeigt, wie schlankes, modernes und effizientes Controlling aussieht.

1.A. 2002. 907 S.
€ 24,–. dtv 50851

P133185-S40